GERHARD HOLZER / ROBERT WALLISCH
ISLAND – FREMDES LAND

Das Reisebuch des Dithmar Blefken
1563–1565

Lateinischer Text der Erstausgabe von 1607,
Übersetzung mit Anmerkungen
und Anhang zur historischen Kartographie Islands

ÖSTERREICHISCHE AKADEMIE DER WISSENSCHAFTEN
PHILOSOPHISCH-HISTORISCHE KLASSE

EDITION WOLDAN

Band 4

Herausgegeben von Christine Harrauer

ÖSTERREICHISCHE AKADEMIE DER WISSENSCHAFTEN
PHILOSOPHISCH-HISTORISCHE KLASSE

GERHARD HOLZER
ROBERT WALLISCH

Island – Fremdes Land

Das Reisebuch des Dithmar Blefken 1563–1565

Lateinischer Text der Erstausgabe von 1607
Übersetzung mit Anmerkungen
und Anhang zur historischen Kartographie Islands

Verlag der
Österreichischen Akademie
der Wissenschaften

Wien 2012

Vorgelegt von w. M. Georg Danek in der Sitzung am 15. Juni 2012

Logo der Edition Woldan:
Detail eines Holzschnitts vom Titelblatt der Cosmographie
des Gemma Frisius (Antwerpen 1530).

Umschlagbild:
Seeungeheuer auf der *Islandia*-Karte
Abraham Ortelius, *Theatrum Orbis Terrarum* … 1612
Sammlung Woldan K-V: WE 61

Die verwendete Papiersorte ist aus chlorfrei gebleichtem Zellstoff hergestellt,
frei von säurebildenden Bestandteilen und alterungsbeständig.

Alle Rechte vorbehalten

ISBN 978-3-7001-7306-9

Copyright © 2012 by
Österreichische Akademie der Wissenschaften
Wien

Druck und Bindung: Prime Rate kft., Budapest

http://hw.oeaw.ac.at/7306-9
http://verlag.oeaw.ac.at

Vorbemerkung

Im Vorfeld des zu erwartenden isländischen EU-Beitritts, widmet die *Edition Woldan* ihren vierten Band der Wahrnehmung Islands im neuzeitlichen Abendland.

Der lateinische Islandbericht des Dithmar Blefken war ein Bestseller des 17. Jahrhunderts und hat im kontinentalen Westeuropa das Bild der fernen Insel maßgeblich mitgeprägt. Schon früh setzte in protestantischen Kreisen Islands aus Empörung über die farbigen Darstellungen Blefkens eine moralisch motivierte Kritik des Werkes ein, die das Interesse an der kurzen, doch spannenden Schrift freilich nur noch anheizte. Auch jüngst noch übernahm Wolfgang Müller, der sich im deutschsprachigen Raum mit journalistischen Arbeiten über Island einen Namen gemacht hat, im Vorwort zu seiner Ausgabe der *Islandia* die üblichen Anwürfe gegen die Vertrauenswürdigkeit des Textes.

Mit der vorliegenden Studienausgabe wird dem wissenschaftlichen Diskurs nun endlich die lateinische Originalversion mit moderner deutscher Übersetzung und Anmerkungen zur Verfügung gestellt. Für die Konstitution des von Druckfehlern gereinigten und neu interpungierten lateinischen Textes wurde auf die 1607 bei Henrick Haestens in Leiden gedruckte *Editio Princeps* zurückgegriffen, die in der Sammlung Woldan unter Sigla R-III: EU/Dan 66 vorliegt. Die Gliederung des Textes entspricht der Originalausgabe. Zusätzliche Subkapitel wurden durch eckige Klammer eingeführt.

Eine mit vielen Beispielen aus der Sammlung Woldan illustrierte Geschichte der europäischen Island-Kartographie von ihren antiken Anfängen über die frühneuzeitlichen Meisterwerke von Ortelius und Mercator bis zu den detailreichen skandinavischen Karten des 18. Jahrhunderts rundet die vorliegende Studienausgabe ab.

Mein besonderer Dank gilt Christine Harrauer für ihre fortwährende Unterstützung der Reiseliteraturforschung an der Österreichischen Akademie der Wissenschaften.

G. Holzer – R. Wallisch

Inhalt

Einleitung 9

Islandia (lateinischer Text) 16

Reise nach Island (Übersetzung und Anmerkungen) 17

Von Thule bis Islanda (Kartographie) 86

Literaturverzeichnis 101

Index nominum et locorum 103

Einleitung

Über die Person des Dithmar Blefken ist nur das wenige bekannt, das er selbst in seinem Islandbuch und der dazugehörigen Vorrede an den Leser (hier aus chronologischen Gründen nachgestellt) verraten hat. Als protestantischer Prediger von niederdeutscher Herkunft lebte Blefken noch jung an Jahren in Hamburg, wo er 1563 die für sein Leben prägende Entscheidung traf, einen deutschen Kauffahrer als Schiffsprediger nach Island zu begleiten. Nach neun Monaten auf der Insel schloss er sich (angeblich) einer erfolglosen Grönlandexpedition an und kehrte nach Island zurück, wo er unfreiwillig überwintern musste. Aufgrund politischer Wirrnisse wählte er 1565 für seine Heimfahrt ein portugiesisches Handelsschiff, was seine Rückreise um ein fünf Jahre währendes Abenteuer in Nordafrika verlängerte, welches er in seiner Vorrede jedoch nur kurz skizziert. Nach seiner endgültigen Rückkehr nach Deutschland nahm Blefken seine Studien wieder auf und trat nach deren Beendigung 1582 in den Dienst des Erzbischofs von Köln. Sein weiteres Leben verbrachte er mit kirchlich-diplomatischen Aufgaben im Bereich der protestantischen Union, was ihn bis an den kaiserlichen Hof zu Wien führen sollte. Zuletzt wird Blefkens Name 1608 als Dorfpfarrer zu Gießen in Nordbrabant erwähnt. Über das weitere Leben des einstigen Abenteurers ist nichts bekannt.

Sein Islandbuch veröffentlichte Blefken erst 1607, vierzig Jahre nach den beschriebenen Ereignissen, unter dem Titel *Islandia, sive populorum et mirabilium, quae in ea insula reperiuntur, accuratior descriptio, cui de Groenlandia sub finem quaedam adiecta*. Die Geschichte der Publikation ist mindestens so abenteuerlich wie ihr Inhalt. Auf dem Weg zum Verleger in einen Hinterhalt geraten, wird Blefken nicht nur aller Habe, worunter sich auch seine Aufzeichnungen aus Island befanden, beraubt, sondern auch nackt und blutend einem Schergen überlassen, der ihn lebend begraben sollte. Dem wie durch ein Wunder entkommenen Autor wird Jahre später das in einem leerstehenden Haus aufgefundene Manuskript wiedergebracht. So unwahrscheinlich diese Geschichte um ein geraubtes und durch Zufall wiedererlangtes Manuskript auch klingen mag, ist bei aller Ro-

manhaftigkeit der Darstellung doch anzumerken, dass die Räuberepisode von den vierzig Jahren, die zwischen Blefkens Islandreise und der Drucklegung der Islandia tatsächlich vergangen sind, allein den Zeitraum von 1582 bis 1588 abdeckt. Hätte Blefken die unglaublichen Ereignisse zur Erklärung seines langen Schweigens erfunden, würde er ebenso gut den größeren Teil der vier Jahrzehnte mit dem Verschwinden des Manuskripts erklärt haben können. Statt dessen bekennt er freimütig, dass die geplante Publikation auch nach der Wiederauffindung der dafür notwendigen Aufzeichnungen schlichtweg in seinen Schubladen liegenblieb (*delituit*), was ebenso banal wie wahrscheinlich klingt.

Warum das liegengebliebene Werk dann gerade 1607 in Leiden zum Druck kam, wird vor allem seine Gründe in einem politischen und wirtschaftlichen Umstand haben, der Island in jenen Jahren im deutschsprachigen Raum interessant machte. 1602 hatte der dänische König den deutschen Handel mit Island drastisch eingeschränkt, wodurch der Hamburger Hafen eine wichtige Rolle an Kopenhagen abtreten musste. Ein Islandbuch, in welchem die Geschichte des deutschen Handels positiv dargestellt wurde, mochte also ganz im Trend der Zeit liegen. Auch die Tatsache, dass Blefken mit teilweise haltlosen Erfindungen eine wichtige Rolle der Deutschen bei der Entdeckung Islands an den Anfang seines Buches stellt, spricht dafür, dass eben diese deutsch-isländische Krise den Anreiz darstellte, das liegengebliebene Buch doch noch zu veröffentlichen.

Blefkens Text ist ein typischer Reisebericht seiner Zeit. Vor allem in den ersten Kapiteln besitzt die Schrift teilweise Züge eines Traktates, der, wie bei den meisten Reiseschriftstellern der Zeit üblich, nur oberflächlich recherchiert wurde. Im wesentlichen wird aus dem Gedächtnis oder aus eigenen Notizen erzählt, wobei sich zwei Blickwinkel abwechseln: ein modern-wissenschaftlicher, der wach beobachtet und rationale Erklärungen sucht, und ein zweiter, der das Bedürfnis nach Wundergeschichten für sich selbst und die Leserschaft zu befriedigen sucht, wofür es in der Reiseliteratur der frühen Neuzeit unzählige Beispiele gibt. Gerahmt und durchdrungen ist die ganze Schrift von Passagen eines persönlichen Reiseberichtes, der sich im Laufe des Buches mehr und mehr zu einem regelrechten Abenteuerroman in Ich-Form entwickelt.

Gleichzeitig ist bei Blefken der literarische Versuch zu bemerken, mit seinem Islandbuch eine nordische Parallele zu den beliebten Indien- und Amerikaberichten zu liefern. Blefken erzeugt von Anfang an eine insulare Stimmung, in der, wie in vielen Reisebüchern der Entdeckerzeit, Exotisches immer auch Erotisches verspricht. In gewisser Hinsicht hat Blefkens Island dadurch atmosphärisch mehr Ähnlichkeiten mit (dem zunächst ja für eine Insel gehaltenen) Brasilien oder Tahiti als mit einer Region des europäischen Nordens. Diese künstlerische Absicht, sich literarisch dem Genre der Entdeckerberichte aus tropischen Regionen anzunähern, wird am Ende des Werkes nochmals verdeutlicht, wenn sich der Autor – um die Glaubwürdigkeit seiner Abenteuer bemüht – an seine indienfahrenden Kollegen wendet: *... ebenso werden alle Seefahrer, die heute aus Indien zurückkommen, und uns zwar viel Staunenswertes, doch für uns auch Unglaubliches, aber nichtsdestoweniger Wahres bringen, wohl leicht zu glauben im Stande sein, dass auch aus anderen Gegenden uns unbekannte Dinge, die wir weder je gesehen noch von ihnen gehört haben, zu uns dringen können; und da sie aufrichtige und vernunftbegabte Menschen sind, werden sie kein engstirniges Urteil fällen.*

Sprachlich erweist sich Blefken als nur mittelmäßiger Lateiner, dem manch unfreiwilliger Germanismus unterläuft. Es rettet ihn jedoch meist sein strikter, attizistischer Stil, der in genormter Lexik und journalistischer Einfachheit angenehm dahinfließt wie ein deutscher Jugendroman des 19. Jahrhunderts. Umso größer ist dafür Blefkens erzählerisches Talent. Er versteht es meisterlich aus nur wenigen persönlichen Daten ein eindrucksvolles, fast kinematographisches Bild zu entwerfen, das den Leser von Anfang an in seinen Bann zieht und Spannung erzeugt. Schon mit den ersten Zeilen (*Im Jahr 1563 lagen in Hamburg zwei Frachtschiffe, die nach Island segeln sollten ...*) führt Blefken den Leser in eine konkrete, auf bemerkenswerte Entwicklungen vorausweisende Situation, wie sie Gabriel García Márquez immer wieder als Regel für einen guten Romanbeginn definiert hat. Im Weiteren wird der Leser die geweckten Erwartungen nicht enttäuscht finden. Das ganze Buch ist von höchst drehbuchtauglichen Episoden durchwachsen: Zu nennen wäre etwa das für sich allein schon abendfüllende Meisterstück über eine gescheiterte Expedition zum mystischen Vulkan Hekla inklusive Darstellung posttraumatischer

Halluzinationen des dabei fast zu Tode erschrockenen Autors, die monumentale Schilderung eines nächtlichen Seebebens, zahlreiche phantastische bis unheimliche (doch wohlgemerkt nur vom Hörensagen referierte) Begebenheiten über verkaufte Einhornteile und bischöfliche Klabautermänner sowie skurril Exotisch-Erotisches, wie die Szene der beim Wikingergelage unter dem Tisch Urin sammelnden Saaltochter.

Schon zu Zeiten der Publikation gingen für das bemerkenswerte kleine Buch Blefkens großer Erfolg und harsche Kritik, auf die Blefken bereits in seiner Vorrede reagierte, Hand in Hand. Der Vorwurf, Blefkens Darstellung sei zu phantastisch wird selbst heute noch erhoben. So bezeichnet Wolfgang Müller 2005 in seiner Edition einer zeitgenössischen deutschen Übersetzung der *Islandia* diese gar als „abstrus, voller Phantasieberichte und Übertreibungen." Ein Vorwurf der nur auf Unkenntnis des Stiles der Zeit gründen kann. Es kann gar nicht hinlänglich betont werden, wie selbstverständlich, ja unverzichtbar bis weit ins 17. Jahrhundert hinein dergleichen Mirabilienpassagen in Reiseberichten Platz fanden. So schließt auch, um nur ein Beispiel zu nennen, der botanisch und zoologisch für viele Jahre richtungsweisende Brasilienbericht des Jesuiten Fernão Cardim, der erstmals 1625 in London publiziert wurde, mit einer ausführlichen Darstellung der Bedrohung der indigenen Bevölkerung durch heimtückische Wassermänner.

Wenn Blefken stereotyperweise als einem der wenigen seiner Zeitgenossen der für seine Epoche typische Gusto an Wundergeschichten, die er im Übrigen allesamt mit herodotischer Distanz wiedergibt, vorgehalten wird, so hat dies einen höchst speziellen Grund, der aber im Laufe der Zeit durch unreflektiertes Abschreiben des Anwurfs in Vergessenheit geriet.

Die Kritik an der Darstellung Blefkens kommt ursprünglich aus Island selbst, jedoch nicht aus einer sich falsch dargestellt fühlenden Bevölkerung, sondern von einem einzelnen Mann, der als intellektueller Verfechter des vom Festland importierten Protestantismus mit all seiner fundamentalistisch-christlichen Prüderie eine Darstellung der wikingerhaften, an heidnische Vorzeiten eng anschließenden Lebensweise seiner Landsleute nicht nur nicht ertragen konnte, sondern auch als Beleidigung eines Volkes empfinden musste, vom dem er selbst, der in Kopenhagen zum Huma-

nisten ausgebildet worden war, in seinem religiösen Eifer weiter entfernt war, als der junge Fremde aus Hamburg. Bezeichnenderweise sind die Punkte, die Arngrímur Jónsson (1568 – 1648) mit der größten Empörung zurückwies, vor allem solche, die das Sexualverhalten der Isländer betreffen. Was Blefken ebenso faszinierte, wie beispielsweise Caminha und Vespucci die sexuelle Freizügigkeit der Brasilianerinnen, das musste dem Puritanismus des protestantischen Priesters als unerträgliche Schmähung seines Volkes erscheinen. Arngrims Kampf gegen die Darstellung der alten Sitten seiner Landsleute äußerte sich ganz allgemein in zwanghaft erscheinender Form. Insgesamt hatte Arngrímur fünf Schriften zur Verteidigung der vermeintlichen Ehre seines Landes verfasst. Vor Blefken war bereits das Islandgedicht *Van Ysslandt* (1561) des Arztes Gories Peerse, aus dem Blefken das Bild des Bier stemmenden Isländers übernommen hat, zum Ziel seines Feldzuges geworden. Der Widerlegung des blefkenschen Berichtes widmete er ein umfängliches Buch mit dem bedenklichen Titel *Anatome Blefkeniana* (1612). Darin weist Arngrímur wenig überraschend nach, dass Blefken an vielen Stellen auf ältere Darstellungen (bis hin zum römischen Geographen Pomponius Mela) zurückgreift. Dieser Umstand ist ebenso unbestreitbar wie selbstverständlich für einen Autor jener Zeit und jenes Genres und mit Sicherheit keine Besonderheit des blefkenschen Reiseberichts. Die von Arngrímur daraus abgeleitete Behauptung allerdings, Blefken sei gar nicht in Island gewesen, muss als hilfloser Ausfall betrachtet werden. Tatsächlich wurde die Person Arngrims selbst in Island als problematisch empfunden. Trotz der umsichtigen Verwaltung eines Bistums schuf er sich auf der Insel durch sein wenig umgängliches Wesen so viele Feinde, dass er, der bereits als zwingender Nachfolger des Bischof gesehen wurde, aus den eigenen Reihen abgewählt wurde.

Die Kritik des Arngrímur Jónsson konnte den großen Erfolg des Werkes im 17. Jahrhundert zu recht nicht aufhalten. 1613 erschien in Leipzig eine erste deutsche Fassung von Hieronymus Megiser in dessen Sammlung *Septentrio Novantiquus*. Blefkens *Islandia* fand schließlich sogar Eingang in die enzyklopädische Sammlung von Entdeckerberichten der ganzen Welt, die Samuel Purchas 1626 auf Basis der von Hakluyt begonnenen Vorarbeiten fünfbändig in London publizierte. Auch noch 1652 fand Blefkens

Buch in niederländischer Übersetzung Eingang in eine Gesamtausgabe der Werke des Olaus Magnus, der zu Recht als die Autorität zur skandinavischen Geschichte betrachtet wurde.

Für den modernen Leser offenbart die Lektüre der *Islandia* den Eindruck eines von der Wildheit der fernen Insel positiv beeindruckten Autors. Wunderberichte halten sich bei weitem in den für die Zeit üblichen Grenzen und werden vom Autor immer mit kritischer Distanz vorgestellt. Von Elfen, einem modernen Island-Clichet, steht bei Blefken schon allein darum nichts zu lesen, weil der alltägliche Umgang mit Haus-, Wald- und Berggeistern auch im ländlichen Kontinentaleuropa damals eine Selbstverständlichkeit darstellte. Weniges in Blefkens Bericht, wie z.B. das Grönlandabenteuer oder die Suche nach der Nordostpassage, mag – in heute unklärbarem Ausmaß – aus anderen Erzählungen zur Mehrung der Datendichte übernommen sein. Im wesentlichen aber zeigt sich Blefken sogar als besonders ehrlicher und von Ruhmessucht unberührter Autor, wenn er etwa im letzten Kapitel seines Berichtes das Scheitern der Hekla-Expedition aus jugendlicher Verantwortungslosigkeit schildert und von sich selbst alles andere als ein heroisches Bild zeichnet.

Am Ende des Buches steht jedenfalls ein Erlebnis des Autors, in dem sich die magische Atmosphäre des Landes mit dem Hinweis auf eine persönliche Freundschaft Blefkens zu einem Isländer verbindet. Blefken, der deutsche Gelehrte, überlässt dem isländischen Freunde seine Bücher und dieser knüpft dem Fremden magische Knoten ins Taschentuch, die ihm am Meer den rechten Wind zur Heimkehr bescheren sollen. In quälender Flaute löst Blefken die heidnischen Knoten und der Zauber Islands bringt ihn zurück nach Europa.

Dithmar Blefken

Islandia

Reise nach Island

Lateinischer Text,
deutsche Übersetzung
und Anmerkungen

Ad Lectorem

[I] Cum iam anni plus quam quadraginta sint, Lector, quod ex Islandia redii, mirari possis, quare nunc demum hosce commentariolos in lucem prodire sinam. Causam igitur tam diuturni silentii indicabo. Ex Islandia renavigavi Lissabonam, ubi regias naves aliquot ad Herculis Columnas, in Indiam navigare paratas, in anchoris esse audiveram. Cupiditate videndi Indiam accensus, duobus Germanis, qui et ipsi, quod ego, cupiebant, comitatus, terrestri itinere eo sumus profecti. Sed naves, priusquam veniremus, solverant. Hac spe frustrati traiecimus in Aphricam Goletam usque. Inde ceteri duo redierant in Hispaniam.

[II] Forte incidi in hominem Daventriae natum, qui et ipse latine loquebatur atque in Numidia in urbe Tingit in regno Maroco suam sedem praecipuamque uxorem habebat (tres enim, ut Mahometes concedit, habebat ille; Mahometanus enim factus erat). Hic me, ut secum proficiscerer, hortabatur, suis quidem sumptibus, ea tamen lege, ut me pro famulo et baiulo haberet. Imposita mihi sarcina, etsi durum mihi erat, cogitabam tamen poetae dictum, qui scribit:

> *Turpe puto iuveni, qui semper inhaeret iisdem*
> *terrarum spatiis, ut lapis, atque locis.*
> *At varios hominum mores, qui vidit et urbes,*
> *moribus ornatis in patriam ille venit.*

[III] Igitur per urbem Tunetum regnumque Tunetanum et regnum Maroco ad urbem Tingit sumus profecti. Huius urbis meminit Procopius in Vandalorum historia. Eam scilicet temporibus Iosuae a populis, qui metu Iosuae fugerant, aedificatam fuisse; id quod marmoreas columnas duas ibi

An den Leser

[I] Da es nun schon mehr als vierzig Jahre her ist, dass ich aus Island zurückgekehrt bin, könnte sich der geneigte Leser wundern, weshalb ich erst jetzt diese kleine Schrift drucken lasse. Also habe ich den Grund für mein langes Schweigen zu erklären: Ich verließ Island und segelte nach Lissabon. Dort hörte ich von einigen Schiffen des Königs, die zur Indienfahrt gerüstet bei Gibraltar vor Anker lägen. In dem brennenden Wunsch, Indien zu sehen, machte ich mich in Gesellschaft zweier Deutscher, die denselben Wunsch hegten, über den Landweg dorthin auf den Weg. Doch die Schiffe waren noch vor unserer Ankunft ausgelaufen. Enttäuscht setzten wir nach Afrika über und erreichten La Goletta.[1] Von da kehrten die beiden anderen auf die iberische Halbinsel zurück.

[II] Ich aber traf zufällig einen Mann aus Deventer,[2] der ebenfalls Latein sprach und in Numidien[3] in der Stadt Tanger[4] im Königreich Marokko seinen Wohnsitz und seine Hauptfrau hatte (entsprechend der Lehre des Mohammed hatte er deren nämlich drei, denn er war Muslim geworden). Dieser Mann lud mich dazu ein, auf seine Kosten mit ihm zu reisen, jedoch unter der Auflage, mich als Diener und Träger zur Verfügung zu haben. Und so hob ich sein Gepäck, auch wenn es mir schwer fiel, auf meine Schultern und dachte an das Wort des Dichters,[5] der da schreibt:

Schande über den Mann, der immer an ein und denselben
 Orten der Erde verweilt, fast so als wär er ein Stein.
Wer aber andere Menschen, verschiedene Sitten und Städte
 kennengelernt, der kehrt, sittlich gestärkt wieder heim.

[III] Wir reisten also über Tunis und die Königreiche von Tunesien und Marokko bis nach Tanger. Prokop erwähnt die Stadt

---

[1] *La Goletta* (arab. *Halq al Wadi*) ist die Hafenstadt von Tunis.
[2] *Deventer* ist eine Gemeinde in der niederländischen Provinz Overijssel.
[3] Die historische Landschaft Numidien umfasste große Teile des modernen Marokko, Algerien und Tunesien.
[4] *Tanger*, marokkanische Stadt an der nordafrikanischen Küste, seit 1471 portugiesisch.
[5] Unbekannter humanistischer Autor.

dem cum litteris Phoeniciis testari dicit. Atque scio Antimachiavellum id negare, sed ego memini unam dilapsam me columnam lapidesque mihi incognitis litteris notatos vidisse. Verum non legeram tunc Procopium; nihil igitur inquisivi. Magis tamen crediderim Procopio, qui ab iisdem populis Carthaginem quoque fuisse conditam affirmat. Sed fides apud illum esto.

[IV] In illa mea peregrinatione quinque fere consumpti sunt anni – semper meos de Islandia commentarios custodiens. Postea ad intermissa studia redii. Vocatus deinde in aulam Schovveburgicam cum comite Ottone Viennam Austriae ad Caesaris aulam sum profectus; neque licuit tunc, quae in Islandia congesseram, propter creberrimas profectiones in concinnum ordinem redigere. Deinde a Turckxsesio archiepiscopo Coloniensi Bonnam missus anno Christi LXXXII supra millesimum quingentesimum nactus occasionem propter editionem Islandiae Coloniam iturus incidi in

in seiner Geschichte der Vandalen.[6] Sie sei – so heißt es dort – in den Zeiten des Josua[7] von jenen Völkern gegründet worden, die aus Furcht vor Josua geflohen waren. Dies sollen nach Prokop zwei dort befindliche Marmorsäulen mit phönizischen Inschriften belegen. Dem widerspricht, wie ich weiß, der Antimachiavelli.[8] Ich erinnere mich aber, eine zerfallene Säule und Steine mit mir unbekannten Schriftzeichen gesehen zu haben. Allerdings hatte ich damals noch keinen Prokop gelesen und forschte darum nicht nach. Ich würde aber eher Prokop Glauben schenken, der behauptet, dass von denselben Völkern auch Karthago gegründet worden sei. Doch die Beweislast dafür liegt ganz bei ihm.

[IV] Mit meiner damaligen Reise vergingen fünf Jahre – wobei ich ständig meine Aufzeichnungen über Island bei mir hatte. Danach nahm ich meine unterbrochenen Studien wieder auf. Später wurde ich an den Hof derer zu Schaumburg[9] berufen und reiste mit Graf Otto[10] nach Wien an den Hof des Kaisers. Aber auch damals war es mir ob der häufigen Reisen nicht möglich, was ich in Island zusammengetragen hatte, in eine entsprechende Form zu bringen. Schließlich wurde ich von Truchsess Gebhard, Erzbischof von Köln,[11] im Jahre des Herrn 1582 nach Bonn gesandt. Als ich dabei endlich eine Möglichkeit zur Publikation meines Islandbuches gefunden hatte, geriet ich kurz vor meiner Rückkehr nach

---

6   Prokopios von Caesarea, spätantiker Historiker des 6. Jahrhunderts n. Chr., verfasste eine griechische Darstellung des Vandalenkrieges in Nordafrika.
7   Biblische Gestalt. Feldherr der Israeliten gegen die Amalekiter, deren völlige Vernichtung vom Herren aufgetragen wurde. Später Nachfolger des Moses und Feldherr der Israeliten gegen Jericho.
8   Als *Antimachiavelli* wird üblicherweise eine dem Preußenkönig Friedrich II. zugeschriebene Schrift der Aufklärung bezeichnet, die demnach ins 18. Jh. datiert wird. Blefken kann sich hier nur auf zeitgenössische Gegenkonzepte zum *Principe* beziehen.
9   Die Grafen von Schaumburg (heute im Stadtgebiet von Rinteln) waren 1111–1460 zugleich mit Holstein und zeitweise auch mit dem Herzogtum Schleswig belehnt. Die Grafschaft Holstein-Pinneberg hatten sie bis 1640 inne.
10 Otto IV. von Holstein-Schaumburg (1517–1576) war regierender Graf von Schaumburg sowie von Holstein-Pinneberg. 1559 führte er die lutherische Reformation in der Grafschaft Schaumburg ein.
11 Gebhard II., Truchsess von Waldburg-Trauchburg (1547–1601) wurde 1582 im Bischofsamt Lutheraner.

latrones, qui me non solum pecunia et sarcina, sed et vestibus spoliarunt nudumque reliquerunt et viginti tribus vulneribus confectum uni me sepeliendi negotium dederunt, ex cuius manibus mirabiliter evasi adhuc vivus. Itaque quicquid de Islandia conscripseram periit nullaque mihi recuperandi umquam relicta erat spes. Cum vero anno LXXXVIII Bonnam, eo tempore, quando Schenckius civitatem illam occupasset, rediissem, inventum fuit hoc meum de Islandia scriptum ab equite mihi noto in aedibus, ex quibus habitatores profugerant. Cumque et nomen meum praescriptum meamque novisset manum, mihi reddidit. Itaque hactenus apud me delituit.

[V] Iam vero de consilio bonorum virorum typographo divulgandi gratia excudendum dedi. Etsi vero meae mihi tenuitatis sim conscius, qui tam eleganti sermone, quam multi delicatuli cupiunt, non sum usus, spero tamen et bonos et doctos facile mihi hac in re veniam daturos, quippe qui non tam elegantiae quam veritati in hoc scripto studuerim. Nam nihil – aut certe parum – ex auditu, sed, quae vidi et expertus sum, scribo. Verum permulti hodie reperiuntur, qui nihil nisi, quod ipsi et viderunt et experti sunt (denique quotidianum est), pro vero iudicant, immo illis non visa incredibilia putant. Sed cum res externas et veras, quae etiam ratione nituntur, narramus, admirari Dei conditoris et opificis sapientiam, potentiam et bonitatem incipimus, unde laus et gratiarum actio proficiscitur, quae tollitur desinitque, si admiratio cessat omniaque incognita tibi pro falsis habeas. Magna praeterea scribentibus fit iniuria, qui magnis laboribus res minime falsas non propter suum, sed posteritatis commodum memoriae prodiderunt, cum a malevolis, Zoilis et amusis egregie mendacii – turpiter tamen – insimulantur, ut fit Herodoto, Thucydidi, Xenophonti aliisque, qui tamen diligenter consideraverant, quod non eadem vivendi ratio sit in omnibus regionibus atque quod natura non omnibus in

Köln in die Hände von Räubern, die mir nicht nur Geld und Gepäck, sondern auch meine Kleider abnahmen und mich nackt zurückließen. Ich hatte dreiundzwanzig Einstiche abbekommen und einer der Räuber hatte die Aufgabe erhalten, mich dort zu begraben. Doch ich lebte noch und entkam wie durch ein Wunder aus dessen Händen. Und so waren alle meine Aufzeichnungen über Island verloren und ich hatte keine Hoffnung, sie jemals wiederzubekommen. Als ich jedoch im Jahre 1588 nach Bonn, zur Zeit der Besatzung durch Schenck,[12] zurückkehrte, wurde mein Islandmanuskript von einem mir bekannten Ritter in einem Haus entdeckt, dessen Bewohner geflohen waren. Und da er sowohl meinen Namen auf dem Deckblatt als auch meine Handschrift erkannte, gab er es mir zurück. Und so lag das Manuskript bis heute bei mir in der Schublade.

[V] Jetzt aber habe ich es auf Rat angesehener Herren in Druck gegeben, um es bekannt zu machen. Und wiewohl ich mir meiner Unzulänglichkeit bewusst bin – denn ich habe keinen so eleganten Stil gebraucht, wie ihn viele überzüchtete Leser wünschen, – so hoffe ich doch, dass mir vernünftige und gebildete Leser dies leicht nachsehen werden, da ich bei dieser Arbeit nicht so sehr auf Eleganz als vielmehr auf den Wahrheitsgehalt bedacht war. Denn ich beschreibe darin nichts – oder doch nur sehr wenig – nach dem Hörensagen, sondern Dinge, die ich gesehen und erlebt habe. Es gibt heutzutage allerdings viele Menschen, die nur das als wahr anerkennen, was sie selbst gesehen und erlebt haben (und also alltäglich ist), wohingegen sie Dinge, die von ihnen nicht erlebt wurden, für unglaubwürdig halten. Wenn wir aber von zugleich fremden und wahrhaftigen Dingen – und dies stets auf der Basis der Vernunft – berichten, so beginnen wir über die Weisheit, Macht und Güte Gottes, der die Welt geschaffen und gestaltet hat, zu staunen, woraus wiederum Lobpreis und Dankbarkeit erwächst; was uns jedoch abhanden kommt, sobald das Staunen schwindet und man alles Unbekannte für unwahr hält. Außerdem geschieht den Autoren, die unter großen Mühen Erfahrungen, die keineswegs unwahr sind, nicht zum eigenen, sondern zum Nutzen der

---

[12] Martin Schenk von Nideggen, Graf von Afferden und Blijenbeek, ein in spanischem, später niederländischem Dienst stehender Heerführer. 1587–1588 besetzte er Bonn.

locis et fructus et animalia producat. Quemadmodum ii, qui hodie ad nos ex India renavigant, multa quidem omni admiratione digna, immo nobis fere incredibilia, tamen vera, adferunt, sic quoque ex aliis locis nobis incognita nec antea visa et audita perferri facile sunt credituri atque, ut sint sinceri communique sensu praediti, non ignavia iudicabunt. Quamobrem, Lector humanissime, hoc meum scriptum animo aequo et cum iudicio lege. Zoilos moneo, ut ipsi eosdem labores, aerumnas, immo miserias, quae peregrinantibus accidere solent, experiantur, priusquam aliis detractare incipiant.

Nachwelt zu Papier bringen, großes Unrecht, wenn sie von Neidern und vorzüglich talentlosen Kritikastern[13] der Lüge – wiewohl zu Unrecht – bezichtigt werden, wie es auch mit Herodot, Thukydides und Xenophon[14] geschehen ist und noch vielen anderen, die jenen zum Trotz mit großer Genauigkeit beobachtet hatten, dass nicht in allen Weltgegenden dieselbe Lebensweise gilt und dass auch die Natur nicht an allen Orten dieselben Früchte und Tiere hervorbringt.[15] Ebenso werden alle Seefahrer, die heute aus Indien zurückkommen, und uns zwar viel Staunenswertes, doch für uns auch Unglaubliches, aber nichtsdestoweniger Wahres bringen, wohl leicht zu glauben im Stande sein, dass auch aus anderen Gegenden uns unbekannte Dinge, die wir weder je gesehen noch von ihnen gehört haben, zu uns dringen können; und da sie aufrichtige und vernunftbegabte Menschen sind, werden sie kein engstirniges Urteil fällen. Daher bitte ich den Leser, diese meine Schrift unvoreingenommen und mit Vernunft zu lesen. Den Kritikastern empfehle ich, selbst die gleichen Gefahren, Mühen und Plagen zu erleben, die den Reisenden zu widerfahren pflegen, bevor sie sich daran machen, andere zu zerpflücken.

---

[13] Der *Zoilus* des lateinischen Texts, war ein griechischer Grammatiker und kynischer Philosoph, der für seine harsche Kritik an Homer sprichwörtlich wurde.

[14] Die drei kanonischen griechischen Historiker in chronologischer Reihenfolge.

[15] Evolutionistischer Ansatz, der für die Bereiche der *Anima vegetativa* und *sensitiva* seit der Scholastik des Mittelalters theologisch akzeptiert war.

Dithmari Blefkenii

Islandia

Quando Islandia primum cognita

1 Anno sexagesimo tertio supra millesimum quingentesimum binae Hamburgo naves onerariae in Islandiam navigare decreverant. Vectores, antiqua consuetudine verbi divini ministrum sibi adiungere volentes, ecclesiae Hamburgensis ministris munus hoc committunt orantque, ut illis de ministro dispicere velint. Erat tunc ecclesiae Hamburgensis superintendens doctor Paulus ab Eitzen. Cum vero ego Hamburgi supellectilem librariam Rostochio expectans substitissem, familiaritatem cum Paulo et ceteris ecclesiarum ministris contraxi. Ad me igitur delata est provincia, quam eo libentius, quod sitiens eram res novas et varias regiones cognoscendi et illorum hortationibus parens, suscepi. Conscensa igitur navi X Aprilis subnavigavimus Angliam et Scotiam praeterlegentes Orcades insulas numero XV, quarum pleraeque incultae propter sterilitatem iacent. Ferowe et Hitlandia solae inhabitantur. Hic altissimam rupem vidimus, quae in summitate cucullati monachi caput repraesentat. Ubi etiam contra omnes ventos tutus est receptus, multosque hic monachus ex praesenti liberat periculo. Iunii vero XIV Islandiam conspeximus, quae a longe apparet, ut si nubes hiberno tempore essent. Postero die portum Haffnefordt, qui meridiem spectat, terramque attigimus.

Dithmar Blefken

Reise nach Island

Die Entdeckung Islands

1 Im Jahr 1563 lagen in Hamburg zwei Frachtschiffe, die nach Island segeln sollten. Die Mitreisenden wollten einer alten Sitte folgend einen Prediger mitnehmen und wandten sich darum an die Gemeinde in Hamburg mit der Bitte, sich um einen Prediger für sie zu kümmern. Superintendent der Hamburger Gemeinde war damals Dr. Paul von Eitzen.[16] Und da ich mich gerade in Hamburg aufhielt, um auf die Lieferung meiner Bücher aus Rostock zu warten, hatte ich mich mit Paul und den anderen Predigern der Gemeinde befreundet. So wurde die Aufgabe an mich herangetragen und ich nahm sie gerne an, da ich ohnedies begierig war, neue Dinge und fremde Länder zu entdecken, und außerdem dazu ermuntert wurde. Nach der Einschiffung am 10. April segelten wir also zunächst die englische und schottische Küste hinauf und passierten dann die fünfzehn Orkneyinseln, die wegen ihrer Unfruchtbarkeit zum größten Teil unbesiedelt sind. Fair Isle und Shetland sind als einzige bewohnt.[17] Dort sah ich einen sehr hohen Felsen, dessen Spitze aussieht wie das Haupt eines Mönchs mit Kapuze. An dieser Stelle findet sich auch eine vor allen Winden geschützte Bucht und der sogenannte Mönch hat schon so manchen aus höchster Gefahr gerettet. Am 14. Juni sichteten wir dann Island, das schon von weitem zu erkennen ist und aussieht wie eine Wolkenbank im Winter. Am folgenden Tag erreichten wir den Hafen von Hafnarfjörður, der nach Süden blickt, und gingen von Bord.[18]

---

[16] Paul von Eitzen (1521–1598), protestantischer Theologe.
[17] Fair Isle befindet sich zwischen den Orkneys und den nördlicher gelegenen Shetlands, die natürlich eine eigene Inselgruppe bilden.
[18] Hafnarfjörður (bei Blefken *Haffnefordt*), 10 km südlich von Reykjavik ist heute eine Kleinstadt mit lebendiger Wikingertradition.

2 Islandia terra aspera, montosa et nivosa est, quae duplo maior Sicilia esse putatur, centum miliaria in longitudine habere creditur, quod et Olaus Magnus libro II testatur. A frigoribus, quae ibidem acutissima sunt, et perpetua glacie nomen habet; continuis enim octo mensibus glacie infestatur. Calore tamen et igne intraneo multis in locis ardet. Hunc calorem in terrae visceribus auget antiperistasis frigoris maioris anni parte (paucis mensibus aestivis exceptis) durantis, quod poros in terrae superficie constringit et liberam expirationem prohibet. Habetque haec insula latitudinem ab aequatore tantam, ut circulus arcticus mediam secet, hoc est gradus LXV cum semisse. Huius insulae extremitati aquilonari obiectae sunt insulae, quae Ebudae vocantur. An vero ex istis sit ea, quae Ptolemaeo veteribusque Thule, an potius Islandia ingens illa insula, adfirmare neque prorsus negare ausim, eo quod non deprehendatur insula, quo Ptolemaeus Thulen statuit. Nunc recentiores statuunt longe aliam longitudinem circa Scotiam vicinasque insulas quam Ptolemaeus credidit.

[2,2] Huius gentis originem paulo altius repetam secutus fidem annalium Islandicorum. Anno Christi DCCCC, tempore Alebrandi episcopi Bremensis, nobiles aliquot ex

2 Island ist ein rauhes Land, gebirgig und schneereich. Es soll doppelt so groß sein wie Sizilien und hundert Meilen lang, wie auch Olaus Magnus[19] in seinem zweiten Buch bezeugt. Es hat seinen Namen von seiner eisigen Kälte und dem dauernden Frost, denn acht Monate im Jahr liegt Island in den Fängen des Eises. Gleichzeitig aber glüht und brennt das Land vielerorts durch sein unterirdisches Feuer. Diese unterirdische Hitze wird von der Gegenwirkung[20] der den Großteil des Jahres (mit Ausnahme der wenigen Sommermonate) währenden Kälte verstärkt, da diese die Poren der Erdoberfläche verengt und so das freie Atmen des Bodens verhindert. Auch liegt diese Insel so weit vom Äquator entfernt, dass der Polarkreis sie in der Mitte durchschneidet, und zwar auf 65,5° nördlicher Breite.[21] Vor der Nordostküste Islands liegt eine Inselgruppe, die man Ebuden nennt.[22] Ob das bei Ptolemäus und den Alten genannte Thule dazu gehört oder ob nicht doch das riesige Island damit gleichzusetzen ist, möchte ich weder zu behaupten noch zu leugnen wagen, da nämlich an der von Ptolemäus angegeben Position überhaupt keine Insel zu finden ist. Die jüngeren Geographen geben heute für Thule einen ganz anderen Längengrad als Ptolemäus an, nämlich irgendwo um Schottland und die ihm vorgelagerten Inseln.

[2,2] Über die Herkunft des isländischen Volkes, wie ich sie in den Annalen Islands überliefert fand, will ich weiter ausholen. Im Jahre des Herren 900 zu Zeiten des Bremer Bischofs Adalbert[23]

---

[19] Olaus Magnus, Erzb. von Uppsala (1490–1557), Autor des Standardwerks zur Geschichte Skandinaviens *Historia de Gentibus Septentrionalibus*.

[20] *Antiperistasis* stammt aus der aristotelischen Naturphilosophie und bezeichnet das Phänomen der Verstärkung einer Eigenschaft durch die Präsenz ihres genauen Gegenteils.

[21] Der Polarkreis liegt tatsächlich bei 66,56°.

[22] *Ebudae* bezeichnet üblicherweise die Hebriden vor Schottland.

[23] Adalbert von Bremen (geb. 1072), Erzbischof von Bremen und Hamburg weihte Isleif zum ersten Bischof Islands. Blefken verwechselt Adalbert mit Adalbrand (geb. 1043), der ebenfalls Erzbischof von Bremen und Hamburg war. Mit der Jahresangabe 900 trifft Blefken die Zeit der tatsächlich norwegischen Landnahme Islands. Die Synchronie mit den ersten christlichen Bischöfen ist jedoch falsch (hundert Jahre zu früh). Außerdem wird hier eine angebliche deutsche Entdeckung um 900 konstruiert, die mit den realen Ereignissen nach 1000 vermengt wurde. Die ganze Passage ist im Lichte der Krise des deutschen Islandhandels nach 1602 zu sehen.

orientali Frisia et ex agro Bremensi versus septentrionem novas inquirere regiones volentes ex Visurgo classe solventes, praeternavigantes Orcades insulam hanc habitabilem quidem, sed nivosam invenerunt in ultimis fere Europae finibus. Cui propter frigus et rigorem Islandiae nomen dederunt. Cumque ulterius ad septentrionem navigassent circiter CC miliaribus, aliam insulam invenerunt, quam per antiphrasin Gronlandiam nominarunt. Longius versus septentrionem navigare conantes per mare glaciale sive concretum – diu glacie prohibiti – tandem magnis laboribus ex glacie eluctati in vortigines maris (quarum etiam meminit Olaus Magnus libro II) et tenebras densissimas inciderunt, unde maris aestum singulis diebus provenire multi rei nauticae periti adfirmant. In his tenebris et vortiginibus ista classis – una navi excepta – periit. Qui fuerant servati, post diuturnos labores et pericula per mare Tartaricum navigantes in calidissimam venerunt regionem. Sinum maris amplissimum ingressi in vicinam terram descenderunt. Cumque incolae prae nimio calore et solis ardore in locis absconditis essent, illi aurum et alias pretiosas res, quas nemo observabat, hinc et inde positas vident. Cumque, quantum libuisset, asportarent atque ad navem properarent, cum canibus inusitatae magnitudinis illos insequi vident. Unus, qui impeditus et praeda onustus erat, effugere non potuit a canibus frustulatim discerptus. Ceteri post longam navigationem has vortigines vitantes in Moscoviam appulerunt. Inde per mare Balthicum Bremam reversi Alebrando episcopo cum parte praedae haec retulerunt.

3 Ad hoc fere tempus Normanni – exemplo Helvetiorum Iulii Caesaris tempore – Norwegia prodiisse censentur. Qui et tunc Franciae partem diu obtinuerunt, quae etiam nunc Normandia dicitur. Cumque res magnas terra marique contra Britannos gessissent, non solum hostilibus incursionibus

wollten einige Edelleute aus Ostfriesland und der Gegend um
Bremen neue Gebiete erschließen und segelten darum von der
Weser mit einer Flotte nach Norden. Sie passierten die Orkneys
und entdeckten hier am äußersten Rand Europas diese zwar be-
wohnbare, doch von Schnee und Frost geprägte Insel, der sie –
ihrer Kälte und des Eises wegen – den Namen Island gaben. Und
nachdem sie etwa zweihundert Meilen weiter nach Norden gesegelt
waren, entdeckten sie eine weitere Insel, die sie ironisch Grönland nannten. Bei ihrem Versuch, durch das Eismeer noch weiter
nach Norden zu segeln, gerieten sie, nachdem sie sich aus dem Eis,
das sie lange festgehalten, freigekämpft hatten, in einen Strudel
(den auch Olaus Magnus in seinem zweiten Buch erwähnt)[24] und
in tiefste Finsternis. Viele Kenner der Seefahrt behaupten, dass an
bestimmten Tagen von diesem Ort der Tidenhub ausgehe. In dieser
Finsternis und in diesem Strudel ging die ganze Flotte mit Ausnahme eines einzigen Schiffes zu Grunde. Die Überlebenden segelten über das Sibirische Meer und gelangten nach ständigen
Mühen und Gefahren in ein heißes Land. Sie fuhren in eine weite
Meeresbucht und gingen dort an Land. Da sich die Einheimischen
wegen der übergroßen Hitze und Kraft der Sonne im Verborgenen
hielten, sahen sie dort Gold und andere wertvolle Dinge ringsum
unbewacht verstreut. Doch als sie davon, soviel sie wollten, da-
vongetragen hatten und zu den Schiffen eilten, sahen sie, dass die
Einheimischen sie mit riesigen Hunden verfolgten. Einer, der von
seiner schweren Beute im Laufen behindert war, konnte nicht
entkommen und wurde von den Hunden zerrissen. Die Übrigen
segelten weiter, vermieden den erwähnten Strudel und landeten
nach langer Reise in Moskau. Von dort kehrten sie über die Ostsee
nach Bremen zurück und brachten Bischof Adalbert Nachricht
sowie einen Teil ihrer Beute.

3 Ungefähr zur gleichen Zeit sollen Nordmänner – wie einst die
Helvetier zur Zeit des Julius Cäsar – aus Norwegen ausgewandert
sein. Diese hatten zu jener Zeit einen Teil Frankreichs dauerhaft
besetzt, der auch heute noch als Normandie bezeichnet wird. Und
nachdem sie zu Wasser und zu Land im Kampf gegen die Briten

---

[24] Gemeint ist der bei Olaus Magnus beschriebene *Mahlstrom*, ein Gezeiten-
strom bzw. Wirbel vor den Lofoten in Nordnorwegen, dessen literarisches
Nachleben bis Jules Verne und Edgar Allan Poe reicht.

mare infestarunt, sed quoque Sarracenos, qui tunc in Italiam venerant et in Calabria et Apulia suam sedem ponere cupiebant, expulerunt. Postea versus Boream in Hitlandiam, Ferowe et Islandiam colonias deduxerunt, quam viam a Bremensibus labore nobilium ex Frisia, ut dictum est, didicerant. Testatur et ipsorum idioma illos scilicet ex Norwegia venisse. Nam idioma Islandicum cum veteribus Norwegiae incolis convenit; nam in Norwegiae locis maritimis, praesertim ubi nobilis portus et civitas Bergen est, propter Germanorum et Danorum frequentiam et consuetudinem lingua mutata est.

De Islandicorum religione

4 Anno Christi MCCCXCVIII administrabat regnum Danicum Woldemarus, eius nominis secundus, cui adiunctum erat Norwegicum. Cuius posteritas id tenuit usque ad Ericum Pomeraniae ducem ac Christophorum Bavarum. Huic Woldemaro paruerunt et Normannorum coloniae arctoae omnes (ut et nunc). Sub illo Woldemaro Islandici primum in Christiana religione instituti sunt, cum hucusque alienos deos coluissent. Cumque in illis tristissimis tenebris et titulo ecclesiae ceu fascino misere dementati in profundissimis superstitionis involucris detenti omnes fere Christiani populi essent, fieri non potuit, quin illi, qui longissime a consuetudine doctorum hominum remoti et alioquin sub inclementi ac barbaro caelo habitantes, in turpissimam idolola

Großes geleistet hatten, machten sie nicht nur das Meer mit ihren Raubzügen unsicher, sondern vertrieben auch die Sarazenen aus Italien, die sich in Kalabrien und Apulien niederlassen wollten.[25] Danach wandten sie sich nach Norden und kolonisierten die Shetlands, die Färöer[26] und Island. Den Weg dorthin hatten die Nordmänner – dank der erwähnten Abenteuer der friesischen Edelleute – von den Bremern erfahren. Und wirklich bezeugt auch die Sprache der Isländer, dass sie aus Norwegen stammen, denn ihre Sprache stimmt mit jener der alten Norweger überein. In Norwegen, besonders in Nähe eines wichtigen Hafens und der Stadt Bergen, hat sich die Sprache nämlich durch den Kontakt mit Deutschen und Dänen verändert.[27]

Die Religion der Isländer

4 Im Jahr des Herren 1398 regierte König Waldemar, der zweite dieses Namens, das Königreich Dänemark, dem auch Norwegen angeschlossen war.[28] Seine Nachkommen behielten diese Union bei bis zu Erich von Pommern und Christoph von Bayern.[29] Waldemar gehorchten auch alle nördlichen Kolonien der (was bis heute gilt). Unter eben jenem König Waldemar wurden die

---

[25] Das großzügige Übersehen Siziliens lässt Blefkens Ungenauigkeiten betreffend Island deutlich an Schrecken verlieren.

[26] War mit *Ferowe* oben sicher *Fair Isle* zwischen Orkneys und Shetlands gemeint, müssen hier wohl die *Färöer* intendiert sein. Blefken verwechselt die etymologisch gleichbedeutenden Namen vierzig Jahre nach seiner Reise.

[27] Die norwegische Zweisprachigkeit besteht noch heute in Form von Bokmål (dänisch geprägte Schriftsprache) und Nynorsk. Letzteres wurde Mitte des 19. Jh. aufgrund der ländlichen (nicht danisierten) Dialekte rekonstruiert.

[28] Verwechslung mit Olav II., unter welchem 1380 die Union zwischen Dänemark und Norwegen entstand, die bis 1814 währte. Sein Vorgänger war Waldemar IV. (bis dahin häufiger Name der dänischen Könige). Nachfolgerin Olavs II. war Margarethe I., seine mächtige Mutter und Tochter Waldemars IV. Sie gilt als Einigerin Skandinaviens und regierte offiziell bis 1397. In diesem Jahr wurde ihr Neffe, Erich von Pommern, gekrönt.

[29] Christoph III., der Bayer, König von Dänemark (1439-1448).

triam relaberentur, cum alias (ut postea dicetur) daemones sibi servientes et familiares tamquam domesticos habeant.

[4,2] Postquam vero Lutherus innotuit, Christianus, Danorum rex, sibi puriorem doctrinam comparavit atque in regno Danico, Norwegico et omnibus sibi subiectis insulis ecclesias repurgavit, missis in Islandiam ministris, qui evangelii sementem ibi facerent. Typographum quoque ex Dania misit, qui pastoribus latina nescientibus (ut tunc fere omnes erant) Biblia, Locos Communes Philippi Melanthonis, Urbani Regii opera aliaque lingua populari evulgaret. Adolescentes quoque idoneos ex Islandia evocavit, quos in Academia Haffniensi suis sumptibus aluit et ecclesiis et scholis praeesse voluit. Constituerat rex Woldemarus, cum primum Christi doctrinam profiterentur, in Islandia episcopos binos, unum in Scalholden in orientali plaga, alterum in Hollen ad occidentalem solem. Quorum successores hodie nihil praeter umbram et nudum titulum habent, nam alios reditus quam butyrum et pisces non habent. Cum vero illa, de qua dixi, a rege Christiano ecclesiarum in Islandia facta esset reformatio, alter episcoporum in Scalholden cum populo facta conspiratione evangelii doctrinam excutit, et rebellione facta regium praefectum interficiunt. Sequenti anno, qui fuit MDXXXV, rex hominem nobilem equestris ordinis Paulum Hitfelt, quem senem ego in Dania vidi, classe, militibus et armis instructum in insulam misit. Seditiosis ad internecio-

Isländer auch zum ersten Mal in der christlichen Religion unterwiesen, nachdem sie bis zu jenem Zeitpunkt fremde Götter verehrt hatten. Und da in jenen finsteren Zeiten nahezu alle christlichen Völker selbst unter dem Namen der Kirche wie von einem Zauber befallen in den Fesseln des tiefsten Aberglaubens gefangen waren, war es unvermeidlich, dass auch jene, die von aller Bildung am weitesten entfernt und noch dazu unter einem rauhen und wilden Himmel lebten, in das abscheulichste Heidentum zurückfielen, wo sie doch auch sonst gewohnt waren, mit dienstbaren Geistwesen (wie später noch berichtet wird) im Haus zu leben.

[4,2] Nach dem Bekanntwerden Martin Luthers aber fand der dänische König Christian[30] zu einer reineren Glaubenslehre und reinigte im Königreich Dänemark, Norwegen und auf allen ihm untergebenen Inseln die Kirche. Er schickte auch Prediger nach Island, die dort den Samen des Evangeliums verbreiten sollten. Auch einen Buchdrucker aus Dänemark schickte er mit, der den Pastoren, die (wie damals üblich) kein Latein konnten, die Bibel, die Loci Communes des Melanchthon[31], die Werke des Urbanus Rhegius[32] und andere in Volkssprache zu Verfügung stellen sollte. Er holte auch begabte Jugendliche aus Island, die er an der Universität von Kopenhagen auf seine Kosten ausbilden ließ, um ihnen die Führung der Kirchen und Schulen auf Island zu übertragen. Einst hatte König Waldemar, als die Isländer zum ersten Mal den christlichen Glauben angenommen hatten, zwei Bischöfe für die Insel berufen, einen in Skálholt[33] im Osten der Insel und einen zweiten in Hólar im Westen.[34] Deren Nachfolger genießen heute nur noch den Schatten dieses Titels, denn sie leben nur von Butter und Fisch. Als aber die schon erwähnte Kirchenreform von König Christian auf Island durchgeführt wurde, verschwor sich der Bischof von Skálholt mit dem Kirchenvolk und schüttelte die evan-

---

[30] Christian III., von 1534–1559 König von Dänemark und Norwegen, leidenschaftlicher Verfechter der Reformation.
[31] Philipp Melanchthon, der Lehrer Deutschlands. Seine *Loci communes rerum theologicarum* gelten als erste Dogmatik der lutherischen Reform.
[32] Urbanus Rhegius, lutherischer Reformator, der lange auf einen Ausgleich mit Rom bedacht war.
[33] Skálholt, im Süden der Insel, ist der älteste (ursprünglich katholische) Bischofssitz Islands.
[34] Hólar, heute ein Dorf, war der zweite katholische Bischofssitz der Insel.

nem interfectis evangelii doctrinae emendationem renovat atque in Daniam redit relicto nobili quodam, qui et ecclesiae et insulae praeesset. Erat tunc in Islandia vir facile primus Tadde Bonde. Hic, postquam regis exercitus discesserat, conspiratione facta cum praecipuis, quos sua auctoritate in suam sententiam pertraxerat, ad defectionem reversus ceterosque insulanos, ut sequerentur, incitabat. Hi in loco, qui Waloe dicitur, conveniunt, factaque coniuratione de rebellione et abiciendo regis iugo consilia inter sese communicant. Et habebat Tadde suas possessiones non uno in loco et multos clientes. His de causis non posse illos facile opprimi putabat. Episcopus, qui ad orientem habitabat, omnia ad regium praefectum, quid ageretur, referri curabat (nam praefectus ad occasum eius insulae aberat) oderatque episcopus Tadden a multo iam tempore. Nam in illa prima rebellione quasi conscium et auctorem rebellionis ad praefectum illum falso detulerat. Haec sola calumnia summam et extremam illi calamitatem attulit. Praefectus certior factus, quid ageretur, per idoneos homines aliquot conscios factionis, ut in officio maneant, propositis praemiis et poenis hortatur. Tunc plerique, ubi periculi magnitudinem cernerent, illo relicto supplices ad praefectum veniunt veniamque precantur et impetrant. Igitur Tadde iudicatur hostis et regis et patriae, itaque iure iurando et fide data promittunt illum persecuturos. Tunc ille metu periculi cum paucis, quos ex domesticis coegerat, ad Hekelveldii radices sese continebat, sed circumventi omnes sunt trucidati, capto illo. Qui illum ceperant, ad episcopum, ut illum custodiae mandaret, adducunt, verum is eum recipere recusabat. Itaque ad alium

gelische Lehre ab. Im Zuge dieser Rebellion wurde auch der Statthalter des Königs getötet. Im folgenden Jahr, man schrieb 1535, sandte der König einen Edelmann aus dem Ritterstand, einen Paul Hitfeld, den ich selbst noch als alten Mann in Dänemark sah, mit einer Flotte, Soldaten und Waffen auf die Insel. Dieser ließ die Aufständischen hinrichten, stellte die Reinheit der evangelischen Lehre wieder her und kehrte, nachdem er einen Edelmann als Führer der Kirche und der Insel zurückgelassen hatte, nach Dänemark zurück. Zu jener Zeit war der einflussreichste Mann auf Island ein Bonde[35] namens Tadde. Nachdem das Heer des Königs wieder abgesegelt war, betrieb dieser eine Verschwörung mit den wichtigsten Männern der Insel, die er durch seinen Einfluss von seiner Sichtweise überzeugt hatte, und ließ den Aufstand aufleben, wobei er auch die übrigen Inselbewohner dazu bewegen konnte, ihm zu folgen. Sie versammelten sich an einem Ort namens Walinsel,[36] wo sie sich zum Aufstand verschworen und die Befreiung vom Joch des Königs planten. Tadde hatte seine Besitzungen an vielen Orten der Insel und verfügte über zahlreiche Gefolgsleute. Daher meinte er diese Bewegung nicht leicht unterdrücken zu können. Der im Osten residierende Bischof ließ den königlichen Statthalter (der weit im Westen saß) von allen Ereignissen unterrichten. Auch hasste der Bischof diesen Tadde schon seit geraumer Zeit. Denn bei der zuvor erwähnten ersten Rebellion hatte Tadde ihn als Mitwisser und Förderer der Verschwörung beim Statthalter denunziert. Diese Verleumdung hatte gereicht, um ihm größte Schwierigkeiten zu bereiten. Nachdem der Statthalter nun vom Bischof unterrichtet worden war, brachte er durch geeignete Mittelsmänner einige Mitwisser der Verschwörung unbemerkt dazu, die Seite zu wechseln, indem er bald Belohnungen und bald Strafen in Aussicht stellte. Als sie dann sahen, in welch große Gefahren sie sich begeben hatten, fielen die meisten von Tadde ab und kamen demütigst zum Statthalter, baten um Gnade und erhielten diese auch. Darauf wurde Tadde zum Feind des Königs und des Vaterlandes erklärt und die Isländer versprachen unter Eid, ihn zu verfolgen. Dieser verschanzte sich nun aus Furcht mit wenigen der Seinen am

---

[35] Die *Bonden* sind die besitzenden, freien Bauern, den Bürgern einer urbanen Gesellschaft vergleichbar.
[36] Hvalsey, bei Húsavík in Nordwesten Islands.

quendam ex iis, qui iudicio praesunt, illum pertrahunt; neque is, veritus populi odium, excipere voluit. Ibi tunc Islandicus quidam, Ionas nomine, vir animosus, „scio", inquit, „cui illum, qui diligenter sit servaturus, credam", statimque hominem obtruncavit et terrae mandavit. Et sic seditio sedata fuit. Atque in hunc diem ab illo tempore inter barbaros verbum Dei iuxta Augustanae confessionis ritum docetur.

De Islandicorum vita ac moribus

5 In tota insula eorum hominum, qui in aliquo sunt numero atque honore, genera sunt tria. Plebs enim ob penuriam navium, quibus piscantur, sese in servitutem dicant divitioribus. De his tribus generibus primum est eorum, quos *lochmaders* vocant, id est iustitiae viros, nam *loch* illorum lingua ius sonat. Hi iustitiam administrant suntque illorum plures, duodecim tamen singulis annis praesunt iustitiae. Horum decretis iudicioque omnes parent. Alterum genus est eorum, qui *bonden* dicuntur. Ii loco nobilium habentur atque eorum ut quisque est navium et pecoris amplissimus, ita plurimos piscatores et clientes habet. Hanc unam potentiam noverunt. Tertium genus est episcoporum et verbi divini ministrorum, quorum multi passim per totam insulam reperiuntur. Hi neque tributa cum reliquis pendunt omniumque rerum immunitatem habent.

Fuße des Helgafell.[37] Doch sie alle wurden umzingelt und niedergemacht. Tadde wurde gefangen genommen. Die ihn gefangen hatten, brachten ihn zum Bischof in Gewahrsam, doch dieser wollte Tadde nicht bei sich aufnehmen. Und so verbrachten sie ihn zu einem anderen, der gerichtliche Befugnisse hatte. Doch auch dieser fürchtete den Hass des Volkes und wollte ihn nicht bei sich haben. Da sprach ein beherzter Isländer, ein gewisser Jonas: „Ich weiß, wo ich einen verlässlichen Wächter für ihn finde," schlug den Tadde plötzlich mit seinem Schwert in Stücke und schickte ihn so ins Grab. Somit war der Aufstand beendet. Und von da an bis zum heutigen Tag wird das Wort Gottes unter den wilden Inselbewohnern nach dem Ritus des Augsburger Bekenntnisses gelehrt.

Leben und Sitten der Isländer

5 Von den Menschen, die zahlenmäßig und von ihrer Stellung her eine gewisse Bedeutung haben, gibt es auf der ganzen Insel drei Klassen. Das einfache Volk begibt sich nämlich aus Mangel an Booten, die sie aber zum Fischen brauchen, bei den Reicheren in Knechtschaft. Von den drei oberen Klassen bilden die erste die sogenannten *Lochmader*,[38] also die Männer des Gesetzes, denn *Loch* bedeutet in ihrer Sprache Gesetz. Diese haben die Rechtsprechung über und sind mehrere an der Zahl, wobei jedes Jahr zwölf von ihnen den Vorsitz übernehmen. Ihren Dekreten und Urteilen gehorchen alle. Die zweite Klasse bilden die sogenannten *Bonden*. Diese haben in etwa die Stellung von Edelleuten, und je nach dem wie viele Schiffe oder Vieh sie besitzen, haben sie auch mehr oder weniger Fischer und Gefolgsleute. Und darin besteht die einzige Macht, die sie kennen. Die dritte Klasse ist jene der Bischöfe und

---

[37] Der Helgafell (Helgafellsveit), ein Hügel im Westen Islands auf der Halbinsel Snæfellsnes. Es handelt sich um ein altes Heiligtum der Wikinger. Allerdings gibt es auf Island noch weitere Berge dieses Namens.

[38] Isländisch *Lögsögumaður* von isländisch *Lög* (Gesetzt). Das Gesetz auf Island wurde von den *Gesetzessprechern* auswendig gekannt. Sie sprachen Recht im *Althing*, dem isländischen (parlamentähnlichen) Rat, in welchem sich die Oligarchen der Insel (*Goden*) versammelten.

6 Sunt plerique viri Islandici valde superbi et elati, praesertim propter corporis robur, quod habent. Vidi Islandicum, qui tonnam Hamburgensem cervisiae plenam tam facile ori suo admoveret bibens ex illa, ac si unicam habuisset mensuram.

7 Uterque sexus in Islandia eundem habitum habet, ita ut ex vestibus, an vir an femina sit, haud facile dignoscas. Lino carent, nisi a nostris sit importatum. Estque ibi apud femineum sexum mira formarum felicitas, sed cultus deest.

8 Natio omnis Islandicorum admodum dedita est superstitionibus spiritusque familiariter ipsis servientes habent. Ii enim in piscatione tantum sunt felices, qui noctu a daemone ad piscationem excitantur. Quamvis vero Euangelii ministri in dehortando ab ista impietate omnem diligentiam adhibent, tam alte tamen haec impietas in mentibus illorum haeret et radices egit, itaque sunt a Sathana fascinati, ut nullam sanam doctrinam et dehortationem admittant. Immo Diaboli opera oblato pretio ventum secundum pollicentur et praestant, quod mihi (ut postea dicetur) compertum est. Simile Olaus Magnus de Finlandiis scribit libro III. Naves quoque cantando, etiam secundo vento, immobiles retinent fere. Et profecto mirum est, quod Sathan cum illis ita ludat. Remedium enim illis in retentione navium monstravit: excrementa scilicet puellae virginis. Si proram et certos asseres navis hoc unguento illinant, hoc foetore spiritum fugari et abigi docuit.

9 In reliquis vitae moribus sic se habent: Parentes liberos masculos statim a pueritia litteras eiusque insulae ius docent, ita ut sane perpauci per totam reperiantur insulam

Prediger, deren viele über die ganze Insel verteilt zu finden sind. Diese zahlen keine Abgaben, wie die übrigen, und genießen in allen Belangen Immunität.

6 Die meisten Isländer sind sehr stolz und anmaßend ob der besonderen Körperkraft, die ihnen zu eigen ist. Einmal sah ich einen Isländer, der eine Hamburger Tonne voller Bier ebenso leicht zu seinem Mund führte und trank, wie wenn er nur eine Maß gehalten hätte.[39]

7 Beide Geschlechter tragen auf Island die gleiche Tracht, so dass man Mann und Frau an der Kleidung kaum unterscheiden kann. Sie haben kein Leinen, sofern dieses nicht von uns importiert wird. Und beim weiblichen Geschlecht ist eine begnadete Schönheit der Formen zu verzeichnen, doch es fehlt an Pflege.

8 Das isländische Volk ist in seiner Gesamtheit durchaus dem Aberglauben verfallen und lebt auf vertrautem Fuß mit dienstbaren Geistwesen. So haben nur diejenigen von ihnen beim Fischfang Glück, die nachts von einem Dämon zum Fischen aufgefordert wurden. Und wiewohl die Prediger alle Sorgfalt darauf verwenden, sie von diesem Frevel abzubringen, ist diese frevlerische Sitte doch so tief in ihrem Denken verwurzelt und sind sie derart vom Satan verhext, dass sie keine vernünftige Belehrung, die sie davon abringen könnte, an sich heranlassen. Ihre Teufel versprechen für eine Opfergabe sogar günstigen Wind und bescheren diesen dann auch wirklich, wie ich selbst erfahren konnte (doch davon später). Ähnliches schreibt auch Olaus Magnus in seinem dritten Buch über die Finnen. Mit Zaubersprüchen können sie sogar Schiffe – und das bei achterlichen Winden – beinahe vollständig zum Stillstand bringen. Und es ist wirklich erstaunlich, wie der Satan mit den Isländern sein Spiel treibt, denn gegen das Festhalten der Schiffe zeigte er ihnen auch gleich einen Gegenzauber: die Exkremente einer Jungfrau nämlich. Wenn sie mit dieser Schmiere den Bug und bestimmte Planken des Schiffes einlassen, wird der böse Geist durch den Gestank, so lehrte er sie, vertrieben und in die Flucht geschlagen.

9 In den übrigen Belangen des Lebens halten sie es folgendermaßen: Die Eltern unterrichten ihre männlichen Kinder von klein

---

[39] Die Szene hat Blefken aus dem Gedicht *Van Ysslandt* (1561) von Gories Peerse übernommen.

virilis sexus, quin litteras sciant et pleraeque feminae. Nostris utuntur litteris. Alios quoque characteres, quibus integra illorum quaedam verba exprimunt, habent; quae verba nostris litteris difficulter scribi possunt.

[9,2] Duritiei et piscationi a pueris student, nam vita omnis in piscatione consistit. Agriculturam non exercent, quippe quod agros nullos habeant, maiorque pars victus eorum in piscibus, butyro insulso, lacte et caseo consistit. Pisces lapide contusos loco panis habent. Potus illorum est aqua aut serum. Ita multos in annos absque medicina aut medico vivunt. Multi annos CL attingunt ac vidi senem, qui CC se tunc vixisse annos dicebat. Immo Olaus Magnus libro XX Islandicos CCC annos vivere scribit. Maxima Islandicorum pars panem non vidit, nedum gustavit. Si quando a nostris molita cibaria, sive far, illis venditur, lacte hoc commiscent atque in longum tempus ad delicias nobilium reponunt. *Drabbel* hoc condimentum vocant. Habent Germani, qui in Islandia negotiantur, locum in portu Haffnefordt natura munitum, ubi sub tentoriis suas merces venum exponunt; calceos scilicet, vestes, specula, cultellos et id genus mercium nullius fere pretii. Islandici habent oleum ex piscium visceribus liquefactum nostris alutariis ac sutoribus notum; habent pisces, sulphur, exuvias vulpium candidas, butyrum aliaque. Haec omnia nostris mercibus commutant, neque prius rata est mutatio, nisi prius nostro cibo et vino aut cervisia probe sint distenti una cum uxoribus, liberis, quos, quotquot habent, adducunt.

[9,3] Advenientes in portum filias nubiles secum habent. Hae, postquam a nostris exploraverint, an domi uxores habeant, si non habent, pro pane aut biscocto aliave levissima re noctem promittunt. Interdum parentes mensem unum, aut quamdiu manserint, concedunt filias vel gratis. Ex eo

auf in Lesen und Schreiben und dem Recht der Insel, so dass nur
sehr wenige Männer auf der ganzen Insel zu finden sind, die nicht
schreiben können – und auch die meisten Frauen können es. Sie
gebrauchen unsere Buchstaben, haben aber noch zusätzliche Zeichen, durch die sie bestimmte Wörter erst vollständig wiedergeben
können. Diese Wörter könnten mit unseren Buchstaben nur schwer
geschrieben werden.

[**9,2**] Von Kindheit an legen sie großen Wert auf Abhärtung und
den Fischfang, denn auf dem Fischfang beruht ihre ganze Existenz.
Landwirtschaft betreiben sie nicht, da sie keine Felder haben und
der Großteil ihres Speiseplans aus Fisch, ungesalzener Butter,
Milch und Käse besteht. Fisch – auf Stein zermahlen – ersetzt
ihnen das Brot. Als Getränke haben sie Wasser oder Molke. Auf
diese Weise leben sie für viele Jahre ohne Arzt und Medizin. Viele
erreichen das hundertfünfzigste Lebensjahr und ich selbst sah
einen alten Mann, der erzählte, er sei gerade zweihundert geworden. Olaus Magnus schreibt sogar in seinem zwanzigsten Buch,
dass manche Isländer dreihundert Jahre leben. Der größte Teil der
Isländer hat noch nie ein Stück Brot gesehen, geschweige denn
gekostet. Wenn ihnen bisweilen von unseren Leuten irgendein
Mehl oder Schrot verkauft wird, mischen sie das mit Milch und
bewahren es für lange Zeit als Delikatesse für die Edelleute auf.
Die entstehende Paste nennen sie Drabbel.[40] Die Deutschen, die
auf Island Handel treiben, haben im Hafen von Hafnarfjörður einen von Natur aus geschützten Ort, wo sie ihre Waren unter Zelten
feil bieten: Schuhe, Kleider, Spiegel, Messer und andere wertlose
Waren dieser Art. Die Isländer wiederum haben ein aus Fischeingeweiden gewonnenes Öl, das bei unseren Gerbern und Schneidern berühmt ist. Sie haben auch Fisch, Schwefel, weiße Fuchsfelle, Butter und so weiter. All das tauschen sie gegen unsere Waren, doch der Handel gilt nie, bevor sie nicht von unserem Essen
und unserem Wein oder Bier ordentlich platt sind – und das gemeinsam mit Frau und sämtlichen Kindern, die sie alle dazu mitbringen.

[**9,3**] Wenn sie zum Hafen kommen, haben sie auch immer ihre
Töchter im heiratsfähigen Alter dabei. Sie erkundigen sich bei

---

[40] Bei der Herstellung von *Drabbel* wird die frische Milch mit den Zerealien verkocht und eingedickt. Das Ergebnis ist puddingartig und daher haltbar.

concubitu si facta fuerit gravida, parentes maiori quam antea filiam complectuntur amore natamque prolem annos aliquot educunt, donec aut pater revertatur aut futuro genero in dotem addunt cum filia, qui minime, quod e Germano sanguine natum est, contemnit. Si quae virgo cum viro Germano habuerit consuetudinem, in honore apud illos est proptereaque a multis petitur procis. Ac fuit ante hoc tempus, cum stupra, quae quidem extra sanguinem et propinquitatem fiebant, nullam haberent infamiam. Et quamvis modo concionatores reclament et severe in delinquentes animadvertatur, aegre tamen vix abstinent. Quam longe vero haec natio ab illorum moribus abest, qui summam dotem in virginitate sitam esse ducunt? Ut Petrus Bembus in sua Veneta historia libro VI testatur, ubi ita scribit: Portugaliae Regis nautae mare Rubrum ingressi complures nigrorum item bonorum hominum ac bello fortium civitates adierunt, qui natis statim feminis naturam consuunt, quoad urinae exitus non impediatur, easque, cum adoleverint, sic consutas atque coalitas in matrimonium collocant, ut sponsi prima cura sit sic conglutinatas puellae oras ferro interscindere. Tanto in honore apud barbaros est non ambigua in ducendis uxoribus virginitas. Haec ille.

[9,4] Vinum et cervisiam a nostris emptam non reponunt, sed domatim epotant per vices alii apud alios, idque gratis. Inter potandum heroica facta suorum decantant, non ex certa aliqua compositione aut melodia, sed prout cuique in buccam venit. Neque cuiquam licet vesicae exonerandae

unseren Leuten, ob diese zu Hause Ehefrauen haben, und wenn nicht, versprechen sie für Brot, einen Zwieback oder sonst eine Kleinigkeit eine Liebesnacht. Manchmal überlassen einem die Eltern ihre Töchter für einen ganzen Monat oder wie lange man eben bleibt, manchmal sogar umsonst. Wenn die Tochter durch ein solches Verhältnis schwanger wird, schließen sie die Eltern mit noch größerer Liebe als zuvor in ihre Arme und ziehen den Nachwuchs für mehrere Jahre auf, bis entweder der Vater zurückkehrt oder sie das Kind gemeinsam mit ihrer Tochter dem zukünftigen Schwiegersohn zur Mitgift geben, welcher das Kind in keiner Weise verschmäht, weil es von deutschem Blute ist. Wenn ein Mädchen ein Verhältnis mit einem Deutschen hat, steht sie bei ihnen in hohem Ansehen und viele Männer halten um ihre Hand an. Und früher gab es eine Zeit, da selbst unzüchtige Handlungen, solange sie nur außerhalb der Familie stattfanden, nicht als Schande galten. Und obwohl heute die Prediger dagegen wettern und die Übeltäter auch streng verfolgt werden, sind sie kaum davon abzuhalten. Wie weit ist doch dieses Volk von einer Moral entfernt, die das höchste Gut in der Jungfräulichkeit erkennt, wie sie etwa Pietro Bembo[41] im sechsten Buch seiner Geschichte Venezies bezeugt, wo er folgendes notiert: „Als die portugiesischen Seefahrer in das Rote Meer gelangten, kamen sie zu mehreren Stämmen schwarzer und anständiger, sowie im Kriege tapferer Menschen, die ihren Töchtern gleich nach der Geburt das Geschlecht zunähen, und zwar gerade so, dass diese nicht beim Urinieren behindert werden. Sind die Mädchen herangewachsen, geben sie diese so zugenäht und verwachsen in die Ehe, so dass es die erste Aufgabe des Bräutigams ist, die zusammenklebenden Schamlippen des Mädchens mit dem Messer aufzuschneiden. So wichtig ist den Wilden die unbezweifelbare Jungfräulichkeit ihrer Bräute." So weit zu Bembo.

[9,4] Wein und Bier, das sie von uns erwerben, wird nicht gelagert, sondern wird mit allen abwechselnd von Haus zu Haus gehend ausgetrunken, ohne dafür Geld zu verlangen. Beim Trin-

---

[41] Pietro Bembo (1470–1547), venezianischer Humanist. Von seiner 1551 erschienenen *Historia Veneta* vollendete er zwölf Bücher (für den Zeitraum 1486–1513). Das Werk enthält dementsprechend auch zahlreiche Passagen zur Entdeckungsgeschichte.

gratia a mensa surgere, verum in hanc rem filia familias aliave puella aut mulier semper ad mensam stat intenta, si quis innuerit. Innuenti matulam sub mensa suis manibus ministrat. Ceteri interim more suum grunniunt, ne quis strepitus audiatur. Effusa urina pelvim perluit rursusque suum officium volenti offert. Atque incivilis habetur, qui hunc morem detestatur.

[9,5] Advenientes osculo excipiunt seque invicem conspiciunt et contemplantur, si forte pediculos, qui illos propter lini inopiam maxime infestant, repentes in vestibus videant; si viderint, alter alteri tollit, et quoties unum sustulerit, toties aperto capite alteri gratias agit, atque hoc invicem agunt, quoad unum viderint. Noctu pater familias cum tota familia, uxore et liberis in uno cenaculo cubant, laneo panno tecti, qui ab illis conficitur. Atque eiusmodi pannos sine stramine aut faeno supposito substernunt. Omnes urinam in unam matulam nocte effundunt, qua mane faciem, os, dentes et manus lavant. Eius rei multas afferunt causas, hoc scilicet formam elegantem facere, alere hoc vires nervosque in manibus confirmare et dentes a putredine servare dicunt.

[9,6] Si pecora in fluctibus aut sub nive, quod saepissime usuvenire solet, perierint, a Deo mactata esse dicunt et in deliciis habentur. Et factum est anno LXIIII in loco, qui dicitur Ackermisse, ut mense Ianuario vaccae aliquot in tenebris aberrarent; tantaque erat caligo atque nivis profunditas, ut reperiri non possent. Mense Aprili primum inventae sunt intactae sineque fetore atque in vicinos distributae. Pars aliqua ad Praefectum, cum quo tunc ego vivebam, delata,

ken besingen sie die heldenhaften Taten der Ihren, nicht indem sie ein bestimmtes Gedicht oder eine Melodie vortragen, sondern so wie es einem gerade auf der Zunge liegt. Und keiner darf vom Tisch aufstehen, um seine Blase zu entleeren, sondern es gibt dafür eine Tochter des Hauses oder sonst ein Mädchen oder eine Frau, die immer bei der Tafel steht und wartet, bis ihr jemand ein Zeichen gibt. Diesem hält sie dann unter dem Tisch eigenhändig einen Topf hin, während die übrigen wie Schweine grunzen, damit man kein Geräusch hört. Danach schüttet sie den Urin aus, spült das Becken ab und steht wieder für jeden, der es möchte, bereit. Und es gilt als Rüpel, wer diesen Brauch ablehnt.

[9,5] Besucher werden mit Kuss begrüßt. Dabei untersuchen sie einander genau, ob nicht Läuse, die ihnen ob des Mangels an Leinen große Plagen bereiten, in den Kleidern kriechen. Findet man solche, befreien sie einander davon. Und jedes Mal, wenn einer eine Laus beseitigt hat, zieht der andere den Hut und dankt, und so verfahren sie abwechselnd so lange, bis sie die letzte Laus gefunden haben. Nachts schläft ein Familienvater mit seiner ganzen Sippe, Frau und Kindern in einem einzigen Zimmer unter einer Wolldecke, die sie selbst herstellen. Solche Wolldecken benutzen sie auch als Unterlage, jedoch ohne diese mit Stroh oder Heu zu unterfüttern. Nachts urinieren alle in einen einzigen Topf, in dem sie sich morgens Gesicht, Mund, Zähne und Hände waschen. Für diesen Brauch führen sie viele gute Gründe an. Sie behaupten, es mache schön, wirke kräftigend, stärke die Sehnen in den Händen und schütze die Zähne vor Fäulnis.

[9,6] Wenn Schafe im Wasser oder im Schnee zu Grunde gehen, was sehr häufig zu geschehen pflegt, sagen sie, Gott habe sie geschlachtet und betrachten sie als Delikatesse. Und im Jahre 1564 geschah es an einem Ort namens Akranes,[42] dass sich im Januar einige Kühe in der Finsternis verirrten; und es war so dunkel und der Schnee lag so hoch, dass man sie trotz Bemühungen nicht wiederfand. Erst im April wurden sie entdeckt: unversehrt und ohne Verwesungsgeruch. Die Kühe wurden dann an die Nachbarn verteilt. Ein Stück gelangte zum Statthalter, bei dem ich damals

---

[42] Auf der nördlich von Reykjavík gelegenen Halbinsel *Akranes* (bei Blefken *Ackermisse*) wurde bis 1500 Getreide angebaut.

quam aspernare fas non erat. Ille tamen pauperibus dari iussit.

[9,7] Tempore hiberno ante et post solstitium, cum sol descendit atque in Sagittario, Capricorno et Aquario est, ab illis recedit neque supra horizontem ascendit, donec Pisces attigerit. Igitur nullam lucem habent nisi a luna et stellis. Vicissim circa solstitium aestivum, cum sol ad Geminos, Cancrum ac Leonem ascendit, numquam infra horizontem descendit. Igitur eo tempore noctem non habent. Hiberno vero tempore ad multos dies lecto se continent atque ludos scaccorum, quorum inventum Xerxi philosopho debetur, exercent. Interim famuli cibum illis praeparatum ad lectum deferunt. Ex oleo piscium lampades continue alunt, alii ex favo candelas urunt.

[9,8] Mense Februario cum primum sol supra horizontem ascendit, paulatim dies longiores fiunt. Tunc piscari incipiunt, tanta quidem copia, ut vix sit credibile. Pisces enim, qui menses continuos tres in tenebris natarunt, simulatque stanneum piscem ferro coniunctum vident, catervatim accurrunt, ut non solum per fauces, sed ubicumque attigerit ferrum, trahantur. Captos exossant, viscera recondunt et adipem sive oleum ex iis conficiunt. Pisces sub dio cumulant tantaque ibi est aeris puritas, ut sine sale, solum vento soleque durentur felicius quidem, quam si sale condirentur. Et si pecora mactaverint, carnes sine sale, solo vento duratas absque foetore et putredine servant.

De mirabilibus stagnis et fontibus in Islandia

10 Diversis locis per totam fere insulam sunt thermae et calidissimi fontes, qui etiam magna copia effluunt. Haec aqua, ubi frigescere incipit, sulphureum quiddam in superficie habet. In istis calidissimis aquis, quibus digitum sine

wohnte, und man durfte es keinesfalls zurückweisen. Er ließ es allerdings an die Armen verteilen.

[9,7] Zur Winterzeit vor und nach der Sonnenwende, wenn die Sonne sinkt und im Schützen, Steinbock und Wassermann steht, verlässt sie Island und steigt so lange nicht mehr über den Horizont, bis sie die Fische erreicht. Die Menschen haben also keine Lichtquelle außer Mond und Sterne. Um die Sommersonnenwende wiederum, wenn die Sonne aufsteigt und in Zwillingen, Krebs und Löwe steht, sinkt sie niemals unter den Horizont. Zu dieser Zeit haben sie also keine Nacht. In der Winterzeit aber bleiben die Isländer oft viele Tage lang im Bett und üben sich im Schachspiel, dessen Erfindung dem Philosophen Xerxes[43] zu verdanken ist. Währenddessen servieren ihnen ihre Knechte fertig zubereitetes Essen ans Bett. Ihre Lampen befeuern sie ständig mit Fischöl, manche brennen auch Kerzen aus Bienenwachs ab.

[9,8] Im Februar, wenn die Sonne zum ersten Mal wieder über den Horizont steigt, werden die Tage langsam länger. Dann beginnen sie zu fischen, und dies in solcher Menge, dass man es kaum glauben kann. Denn sobald die Fische, die ganze drei Monate im Dunkel geschwommen sind, den an einem Haken befestigten Fliegenfisch sehen, kommen sie scharenweise angeschossen, so dass sie der Haken nicht nur am Maul, sondern wo immer er sie berührt, erwischt. Der Fang wird entgrätet, die Eingeweide werden aufbewahrt und aus ihnen wird Schmalz oder Öl gewonnen. Die Fische werden aufgeschichtet im Freien gelagert und die Luft ist dort so sauber, dass sie ohne Salz, nur durch Wind und Sonne trefflicher trocknen, als wenn man sie einsalzte. Auch wenn sie Schafe schlachten, lagern sie das Fleisch ohne Salz, nur vom Wind geruchsfrei getrocknet und ohne Fäulnis.

Wundersame Seen und Quellen auf Island

10 An verschieden Orten über die ganze Insel verstreut findet man Thermen und heiße Quellen, die sehr wasserreich sind. So-

---

[43] Die in Spanien durch den Wortanklang (*Jerjes* = *Ajedrez*) verbreitete Legende dürfte Blefken durch sein iberisches Abenteuer auf der Heimfahrt bekannt geworden sein.

periculo inserere non potui, mergi rubei a longe quidem conspiciuntur. Si propius accedas, evanescunt, si rursus abieris, emergunt. Ita per totos dies, si cui lubido est, cum hominibus ludunt. An revera mergi sint, aliis iudicandum relinquo.

[10,2] Ad occasum eius insulae ingens est lacus fumosus et frigidus valde, qui omnia, quae quidem immerguntur in lapides convertit, idque paucis diebus; et quod summa admiratione dignum est: si lignum recta in fundum posueris, ima pars, quae in terram figitur, ferri speciem et duritiem post biduum habet; quae in aqua fuit, lapidis duritiem et speciem habet; suprema pars, quae supra aquam mansit, pristinam formam retinet. Atque huius rei veritatem bis sum expertus, sed cum imam partem, quae ferrum repraesentabat, igni, ut liquesceret, admovissem, ut carbo arsit.

[10,3] Sunt in loco maritimo, qui Turlockshaven dicitur, fontes duo diversissimae qualitatis: alter frigidus, alter calidus. Hi fontes per canales in unum locum ducuntur atque ad balneum temperati saluberrimum balneum efficiunt. Haud longe ab his fontibus alius quidam fons est, qui cerealem liquorem ebullit, qui Gallicum morbum, qui illis familiaris est, feliciter medetur. Non procul a portu Hanefordt scissura in rupe est instar fontis immensae profunditatis. Si inspexeris aquam videre non potes, verum si lapidem inieceris, post dimidiam horam audies illum decidentem, quasi in vasa aenea decideret, statimque aqua exsurgit et repletur usque ad summa labra putei, estque aqua limpidissima, quam tamen nemo neque attingere neque gustare audet; neque effluit, sed post tantum temporis, quantum lapis est

bald dieses Wasser beginnt abzukühlen, zeigt es an der Oberfläche etwas Schwefel. Auf diesen heißen Wassern, in die ich meinen Finger nicht gefahrlos eintauchen konnte, sieht man von weitem dunkle Säger[44] schwimmen. Wenn man sich aber nähert, verschwinden sie. Entfernt man sich wieder, tauchen diese wieder aus dem Wasser. Dieses Spiel treiben sie mit den Menschen, wenn man Lust darauf hat, auch ganze Tage lang. Ob es sich dabei tatsächlich um Säger handelt, überlasse ich anderen zu beurteilen.

[10,2] Im Westen der Insel gibt es einen großen nebelverhangenen und eiskalten See, der alles, was in ihn eintaucht, zu Stein werden lässt, und das schon in wenigen Tagen. Besonders aber ist folgendes Phänomen zu bestaunen: Wenn man ein Holz gerade in den Grund rammt, hat der unterste Teil, der in der Erde steckt, nach zwei Tagen das Aussehen und die Härte von Eisen. Der Teil, der im Wasser war, hat dann das Aussehen und die Härte von Stein. Der oberste Teil, der über dem Wasser verblieb, behält die ursprüngliche Form. Und ich habe dieses Phänomen zweimal überprüft und für real befunden, doch als ich den untersten Teil, der wie Eisen aussah, ins Feuer hielt, um ihn zu schmelzen, geriet dieser in Brand wie Kohle.

[10,3] In einem Ort am Meer namens Turlockshaven[45] gibt es zwei Quellen mit ganz unterschiedlichen Eigenarten: die eine ist kalt, die andere heiß. Diese Quellen werden durch Kanäle in ein Becken zusammengeführt und so zu einem der Gesundheit höchst zuträglichen Bad temperiert. Nicht weit von diesen Quellen gibt es eine weitere Quelle, die unter ständigem Blubbern einen körnigen Brei auswirft, der die französische Krankheit,[46] die auf Island endemisch ist, vortrefflich kuriert. Nicht weit vom Hafen Hanefordt[47] gibt es einen Riss im Fels – tief wie ein unauslotbarer

---

[44] Der Säger (*mergus*) ist eine Entenart des hohen Nordens.
[45] Das Toponym *Turlockshaven* bleibt ungeklärt.
[46] Die Syphilis ist vermutlich nicht erst von Kolumbus in die Alte Welt eingeschleppt worden, wo sie schon um 1490 zuerst in Spaniens Hafenstädten und dann in Neapel, wohin sie 1494 das französische Heer Karls VIII. brachte, beobachtet wurde. Nach neueren Knochenfunden soll in England zwischen 1296 und 1445 schon Syphilis nachzuweisen sein. In jeden Fall ist die Präsenz des Virus in der dem Meer zugewandten Welt Islands wenig verwunderlich.
[47] *Hannenfjord* (bei Blefken *Hanefordt*) war eine im hanseatischen Raum übliche Nebenform für *Hafnarfjörður* bei Reykjavík.

immissus, subsidit. Alius in media insula lacus est, qui pestiferum fumum exhalat, ut etiam aves supervolantes suo veneno interficiat.

De montibus mirabilibus in Islandia

11 Sunt in Islandia tres montes valde mirabiles: unus mons Crucis, alter Snevelsiockel dicitur. Hi duo nubes altitudine penetrant, quorum capita sive summitates nemo umquam vidit, neque umquam glacie et nive vacui visi sunt. In his quotidie fulgura et tonitrua horrenda audiuntur, cum tamen in propinquis convallibus aer aestivo tempore sit sudus et serenus. Tertius mons ad septentrionem insulae est, neque adeo excelsus, annos vero complures arsit; quo igne, quave materia ignoratur. Cum vero per totam insulam sulphur effodiatur, videtur sulphuream materiam aliquando incensam esse. Mons hic haud procul a mari est mareque ex parte illum alluit. Hecla dicitur. Interdum flammam, aliquando ignitam aquam, post nigrum cinerem et pumices tanta quidem copia eicit, ut solem obscuret. Nemo quoque in propinquo ad miliaria VI habitare potest neque pascua ulla circum sunt. Aliquando homines audaces et vitam nihili facientes lapides per cavernas iniciunt, nam interdum mira

Brunnen. Blickt man hinein, kann man das Wasser nicht sehen. Wirft man aber einen Stein hinein, hört man diesen erst nach einer halben Stunde widerhallen, so als ob er in einen ehernen Krug fiele, und sofort darauf steigt das Wasser herauf und füllt den Schacht bis zum Rand. Und obwohl dieses Wasser glasklar ist, wagt es niemand, es zu schöpfen oder gar zu trinken. Auch geht das Wasser nicht über, sondern sinkt nach gleichlanger Zeit, wie seit dem Wurf des Steins vergangen ist, wieder ab. In der Mitte der Insel gibt es einen weiteren See, der einen solchen Pesthauch freisetzt, dass selbst die Vögel, die darüber fliegen, von seinem Gift getötet werden.[48]

Wundersame Berge auf Island

11 Es gibt auf Island drei sehr ungewöhnliche Berge: Der erste wird Berg des Kreuzes,[49] der zweite Snæfellsjökull[50] genannt. Diese beiden sind so hoch, dass sie über die Wolken ragen. Ihre Spitzen oder Gipfel hat keiner je gesehen, noch zeigten sie sich jemals frei von Eis und Schnee. Auf diesen Bergen hört man täglich Blitze und schauderhafte Donner, obwohl das Wetter in den angrenzenden Tälern im Sommer trocken und heiter ist. Der dritte Berg liegt im Norden der Insel und ist nicht so hoch, stand aber für mehrere Jahre in Brand. Man weiß nicht, welcher Art das Feuer war oder was es nährte. Da aber auf der ganzen Insel Schwefel geschürft wird, scheint sich hier einst das schwefelhaltige Material entzündet zu haben. Dieser Berg erhebt sich nicht weit von der See und diese umspült ihn auch teilweise. Man nennt ihn die Hekla.[51] Manchmal speit sie Feuer, manchmal brennendes Wasser, dann schwarze Asche und Bimsstein in solcher Menge, dass sie die

---

[48] Ein Topos seit dem Avernersee bei Neapel in Vergils Aeneis (6, 242).
[49] Der *Krossanesfjall* (716 m), ein erloschener Vulkan im Südosten Islands unweit von *Höfn*.
[50] Der *Snæfellsjökull* (1446 m), ein Stratovulkan am westlichen Ende der Halbinsel *Snæfellsnes* im Westen der Insel.
[51] Die *Hekla* (1491 m), der berühmteste Vulkan Islands, im Süden der Insel. *Hekla* liegt an einer 40 km langen Vulkanspalte und ist mindestens 6600 Jahre alt. Im 16. Jh. sind zwei dramatische Ausbrüche belegt: 1510 und 1597.

est in monte tranquillitas, praesertim ubi Zephyrus spirat. Immissos lapides statim horribili fragore ac sonitu reicit. Damnatorum animas hic torqueri vulgus credit.

[11,2] Varia et horrenda in hoc monte et circum spectra observari certum est. Nam si alicubi sit proelium commissum, Islandici, praesertim ii, qui in mari vicino Heclae navigant et piscantur, proelii commissi diem sciunt, etiamsi ignorent, ubi sit factum. Vident enim (ut ipsi referunt) cacodaemones exeuntes et revertentes umbrasque adducentes. Et circumfertur historia talis in Islandia: Piscator iuxta Heclam navigans aliam navem obviam habuit. Uterque secundo utebatur vento; cumque more nautarum, ecquis esset et unde, quaesitus, Bremensem episcopum se in navi habere respondit, quem ad Heclam deducere vellet; et compertum est eo ipso die episcopum e vita discessisse. Quod tamen ego pro vero ponere nolim. Si qui fluctibus aut alioqui perierint aut mortui fuerint, interdum suis relictis amicis et notis tristes apparent. Quaesiti, quo et unde, ad Heclam sub inclementi paedagogo daemone deduci se respondent evanescuntque. Sicque a Sathana fascinati sunt, ut animas demortuorum esse credant.

12 Sed quia Infernum in hoc monte esse nemo sanae mentis facile credet, quaeri tamen posset, unde mons istam materiam habeat, qua tot annorum flammas, tot cineres tantamque pumicum copiam producat. Videmus enim igne solidissima quaeque omniaque consumi. Eamque ob causam

Sonne verdunkelt. Auch kann in ihrer Nähe niemand im Umkreis von sechs Meilen wohnen noch gibt es in ihrer Umgebung Weiden für Tiere. Manchmal werfen tollkühne Männer, denen ihr Leben nichts wert ist, Steine in Felsspalten, denn bisweilen herrscht auf dem Berg eine seltsame Stille, besonders wenn der Westwind bläst. Die hinein geworfenen Steine schleudert die Hekla dann sofort unter schauderhaftem Grollen und Tosen zurück. Das Volk glaubt, dass hier die Seelen der Verdammten gemartert werden.

[11,2] In jedem Fall sind auf dem Berg und in seiner Umgebung verschiedene und schaurige Erscheinungen zu beobachten. Wenn beispielsweise irgendwo eine Schlacht stattfindet, dann kennen die Isländer, besonders jene, die in den Gewässern vor der Hekla segeln und fischen, den Tag der Schlacht, wiewohl sie nicht wissen, wo diese stattgefunden hat. Sie sehen nämlich (wie sie selbst berichten) böse Geister, die aus dem Berg herauskommen und bei ihrer Rückkehr Schatten mit sich führen. Und dazu macht folgende Geschichte auf Island die Runde: Ein Fischer, der vor der Hekla segelte, begegnete einem anderen Schiff. Beide fuhren vor dem Wind. Als der andere, wie unter Seeleuten üblich, nach Namen und Heimathafen befragt wurde, gab er zur Antwort, er habe den Bischof von Bremen an Bord, den er zur Hekla bringen wolle. Und später erfuhr man, dass an eben jenem Tag der Bischof aus dem Leben geschieden war. Ich selbst möchte diese Geschichte freilich nicht als Tatsache hinstellen. Sterben Menschen auf dem Meer oder gehen sonst irgendwie zu Grunde, erscheinen sie bisweilen ihren Hinterbliebenen als trauervolle Gestalten. Befragt, woher sie kämen und wohin sie gingen, antworten sie, ein erbarmungsloser Geist geleite sie zur Hekla, worauf sie dann verschwinden. Und die Isländer sind derart von Satan verhext, dass sie diese Gestalten für die Seelen ihrer Verblichenen halten.[52]

12 Aber wenn auch wohl niemand, der bei klarem Verstand ist, glauben wird, dass sich in diesem Berg tatsächlich die Hölle befindet, könnte man dennoch fragen, woher der Berg den Brennstoff

---

[52] Als Mensch einerseits der Renaissance andererseits aber vor der Aufklärung erklärt Blefken die Erscheinungen selbst nicht für absurd, sondern nur ihre abergläubische Deutung. Es handelt sich für ihn um Trugbilder die Satan erzeugt. Dergleichen dämonische Täuschungen gehen nach zeitgenössischen Vorstellungen immer vom Teufel aus und gelten im Zeitalter der Inquisition als grundsätzlich vorstellbar.

aliqui credunt fore, ut istae aliquando flammae extinguantur, nam deficiente causa effectus ullos sequi posse negant. Sed hic, quid ego sentiam, libere dicam, salvo tamen aliorum iudicio: Constat ex meteoris aquis, quod ex vaporibus in terrae cavitatibus collectis continua sit, aquae generatio, quae per fontes emanat. Perpetuo autem durantibus causis efficientibus et materialibus perpetuo etiam effectus durat. Sic quoque in visceribus terrae esse loca quaedam, quae sua natura siccam et calidam exhalationem attrahant, hancque in flammas, cineres et pumices resolvere. Quod in isto monte propter sulphuream materiam, quae in Islandia per totam terram invenitur, facile fieri potest. Et quemadmodum fontes tempore hiberno plus aquae quam aestivo scaturiunt, immo aliqui aestate exsiccantur propter deficientem materiam, sic cum hoc monte. Nam interdum deficiente materia neque flammas neque fumum habet omniaque tranquilla sunt, unde apparet materiam et efficientem causam deficere. Utut vero sit, mihi compertum est neminem sine periculo et horrore ad montis radices accedere posse, ut postea explicabitur.

13 Eodem anno, quo in Islandia essem, die XXIX Novembris circa medium noctis in mari iuxta Heclam flamma apparuit, quae totam insulam illustrabat, ut omnes attoniti miraremur atque exitum anxie expectaremus. Seniores et huius rei periti ex Hecla hoc lumen venire dicebant. Post horam tota insula contremuit, quasi suis sedibus moveretur. Terrae motum secutus est horribilis fragor, ut, si omnia bellica tormenta exploderentur, nihil ad hunc terrorem esset. Non potest cogitatione nedum verbis assequi, quam horribile fuerit. Totam mundi fabricam corruituram postremumque adesse diem credidimus. At compertum est postmodo

nimmt, durch den er über so viele Jahre Flammen, Asche und eine solche Menge Bimsstein hervorbringt. Wir sehen ja, dass Feuer sogar die beständigsten Materialen – eben alles verzehrt. Und aus diesem Grund meinen einige, dass dieses Feuer irgendeinmal verlöschen wird, denn schwände die Ursache, könne auch keine Wirkung mehr erfolgen. Dazu will ich aber offen sagen, was meine eigene Meinung ist, ohne freilich dem Urteil anderer zu widersprechen: Bekanntlich erzeugt der in unterirdischen Hohlräumen vom Regenwasser gespeiste Wasserdampf unablässig Wasser, das durch Quellen austritt. Währen nun die Ursachen und Rohstoffe dafür ewig, so hat auch deren Wirkung ewige Dauer. Und genauso wird es auch, so meine ich, in den Tiefen der Erde Stellen geben, die durch ihre Beschaffenheit trockene und heiße Ausdünstungen anziehen und diese in Feuer, Asche und Bimsstein umwandeln. Dies wäre in diesem Berg dank der Schwefelvorkommen, die auf Island überall im Boden zu finden sind, leicht möglich. Und wie die Quellen im Winter mehr Wasser als im Sommer hervorsprudeln, ja einige im Sommer sogar austrocknen, weil ihnen ihr Rohstoff abhanden kommt, ebenso wird es sich auch mit diesem Berg verhalten. Denn manchmal, wenn ihm der Brennstoff ausgeht, zeigt er weder Feuer noch Rauch und alles ist ruhig, woraus klar ersichtlich wird, dass es ihm dann am Rohstoff und an der auslösenden Ursache mangelt. In jedem Fall habe ich die Erfahrung gemacht, dass sich niemand, ohne sich schauderhaften Gefahren auszusetzen, dem Fuße des Berges nähern kann, wie später noch erklärt werden soll.

13 Im selben Jahr, in dem ich auf Island weilte, erschien am 29. November um Mitternacht auf dem Meer vor der Hekla eine Flamme, welche die ganze Insel erleuchtete. Wir sahen dies alle mit Entsetzen und warteten aufgeregt, was nun geschehen würde. Die älteren und mit diesem Phänomen vertrauten Isländer sagten, dieser Lichtschein käme aus der Hekla. Eine Stunde später erbebte die ganze Insel, als würde sie aus ihren Grundfesten verschoben. Auf das Erdbeben folgte ein schauderhaftes Getöse, das größeren Schrecken auslöste, als wenn alle Kanonen der Welt zugleich gefeuert hätten. Das Ausmaß des Grauens, kann nicht vermittelt werden, weder in der Vorstellung geschweige denn in Worten. Wir dachten, das ganze Gebäude des Universums würde zusammenstürzen und der jüngste Tag sei gekommen. Erst im Nachhinein

mare ad duo miliaria retro cessisse in illo loco atque exsiccatum esse.

[13,2] Sub initium Iulii, tempore anniversario, glacies magna copia noctu ex improviso insulam circum Heclam alluit ac vagatur rumor per totam insulam, immo creditur damnatas animas in hac glacie torqueri alternis vicibus in flamma, in monte ac deinde in glacie. Haec glacies menses tres continuos solum circa Heclam natat. Huius glaciei si partem aliquam mari exemeris linteoque involveris atque in cista reposueris, tam diu illaesa manet, quoad illa in mari natat. Si vero in mari glacies evanuerit, quod repente in una nocte fieri solet, haec nusquam apparet neque ullum humiditatis signum in linteo relinquit. Quod Sathanae haud difficile est glaciem sine humiditate tollere, ut illorum incredulitatem augeat. Meminit huius glaciei Olaus Magnus libro II. Sed quia ego omnia diligenter perquirere statueram, non sine horrore ad hanc glaciem navigavi et animadverti vi ventorum hanc glaciem ad scopulos torqueri et ita lugubrius quiddam sonare a longe, quasi exaudirentur ibi miserandi eiulatus. Hinc Islandici damnatorum animas in ista glacie torqueri putant.

De Islandicorum divitiis

14 Islandiam terram asperam et nivosam dixi, estque praeterea scopulis atque lapidibus referta, ac ita quidem, ut nullus in tota insula sit ager. Ne hortulos quidem, in quibus aut olera aut legumina habere possent, habent. Frumenti genus nullum agnoscunt, non poma, pira, non cerasa neque ullum fructum arborum norunt. Et, quod fere incredibile est, nec pane nec sale utuntur, nihilominus bene habiti sunt et robusti. Nulla in tota insula est urbs, raro duas aut tres ha-

erfuhr man, dass sich das Meer dort fast zwei Meilen zurückgezogen hatte und der Grund trockengefallen war.[53]

[**13**,2] Kurz vor Anfang Juli, um die Zeit der Sommersonnenwende, wurde plötzlich nachts eine große Menge Eis um die Küste vor der Hekla angetrieben und darauf verbreitete sich auf der ganzen Insel das Gerücht, oder besser die feste Überzeugung, in den Eisschollen steckten die Seelen der Verdammten, die abwechselnd im Feuer des Berges und dann wieder im Eis gemartert würden. Dieses Eis treibt ganze drei Monate nur um die Hekla. Wenn man einen Brocken dieses Eises aus dem Meer fischt, in Leinen wickelt und in eine Kiste legt, bleibt es solange fest, wie die Schollen im Meer treiben. Verschwindet aber das Eis im Meer, was schlagartig in einer Nacht zu geschehen pflegt, verflüchtigt sich auch der Brocken, ohne irgendeinen Hinweis auf Feuchtigkeit auf dem Leinen zu hinterlassen. Und es ist für Satan wohl ein Leichtes, Eis zu beseitigen, ohne Feuchtigkeit zu hinterlassen, um so den Irrglauben der Isländer zu mehren. Dieses Eis erwähnt auch Olaus Magnus in seinem zweiten Buch. Aber da ich mir vorgenommen hatte, alles selbst genau nachzuprüfen, fuhr ich – freilich nicht ohne Schaudern – aufs Meer hinaus zu diesen Schollen und stellte fest, dass das Eis durch die Kraft des Windes gegen die Felsen gedrückt wurde und daher schon von weitem ein unheimliches Geräusch von sich gab, so dass man den Eindruck gewann dort jammervolles Geheule zu hören. Darum also glauben die Isländer, dass die Seelen der Verdammten in diesem Eis gemartert würden.

Reichtümer der Isländer

14 Ich nannte Island ein rauhes und schneereiches Land. Es ist aber darüberhinaus auch voll von Felsen und Steinen, und dies in einem solchen Ausmaß, dass man auf der ganzen Insel keinen Acker findet. Sie haben nicht einmal Gärten, in denen sie Kräuter

---

[53] Offenbar ein Seebeben vor der Insel. Der Tsunami an der Küste liefert für Blefken offenbar die Erklärung für den tosenden Lärm. Das ganze Erlebnis scheint weniger einen Vulkanausbruch (dessen Fehlen in den Aufzeichnungen Arngrímur Jónsson als wichtigstes Argument gegen Blefken ins Treffen führt) als vielmehr die Folgen des Bebens zu beschreiben.

bitationes contiguas habent. In locis maritimis ob piscationem et subterraneis propter validissimos ventos suos nidulos habent. Nullus apud illos pecuniae amor, merces enim mercibus commutantur. Nascitur ad meridiem et fere per totam insulam sulphur, quo magna copia eruitur. Hanc materiam purgatam exiguo pretio vendunt. Auri argentive fodinas neque ullas metallicas habent. Ferro quidem utunur, sed importato. Raro invenies virum, qui in pera non habet clavos ferreos, quibus ferreae equorum soleae alligantur. Aedificia omnia sunt subterranea, nam materiam ad aedificandum non habent.

[14,2] Nulla arbor in tota est insula, excepta betula, atque haec in uno loco, quae etiam longitudine hominis staturam non excedit, idque propter ventorum vehementiam, quod altius crescere non possit. Betula haec post solstitium aestivum primum vernat, folia suavissimi sunt odoris tantaeque fragrantiae, ut a Germanis in tentoriis et epulis pro singulari delectamento ponantur. Interdum tamen magna copia abietum ex Tartaria aut aliunde vi undarum et glaciei abrepta in Islandiam appulit. Harum praecipuus in aedificandis cubilibus subterraneis usus est. Extra terram vix habitationem propter validissimos ventos, qui interdum et equos et sessores prosternunt, invenies.

[14,3] Butyri magnam copiam habent propter graminis pinguedinem. Tam pingue enim est Islandicum gramen, ut boves post certum tempus a pascuis sint arcendi, ne rumpantur. Tam grati itidem odoris, ut singulari studio a nostris

oder Gemüse ziehen könnten. Die Isländer kennen keine Form von Getreide, keine Äpfel oder Birnen, keine Kirschen noch sonst eine Baumfrucht. Und – fast nicht zu glauben – sie gebrauchen auch weder Brot noch Salz, sind aber dennoch kräftig und gesund. Auf der ganzen Insel gibt es keine Stadt, selten findet man zwei oder drei zusammenhängende Wohnhäuser. Des Fischfangs wegen wohnen sie oft am Meer und ob der heftigen Winde haben sie ihre Wohnstätten gerne unterirdisch.[54] Geldgier kennen sie nicht, denn Waren werden gegen Waren getauscht. Im Süden und auch sonst beinahe überall auf der Insel entsteht Schwefel, der in großen Mengen gewonnen wird. Diesen Rohstoff verkaufen sie gereinigt für einen geringen Preis. Sie haben keine Gold- oder Silberminen noch sonst eine Metallgewinnung. Eisen benutzen sie zwar, importieren es aber. Man wird kaum einen Mann finden, der in seinem Ranzen keine Eisennägel für die Hufeisen der Pferde hätte. Ihre Gebäude sind alle unterirdisch, denn die Isländer haben kein Baumaterial.

[14,2] Auf der ganzen Insel gibt es keinen Baum mit Ausnahme der Birke, doch auch diese nur an einem einzigen Ort, wo sie nicht höher wird als ein Mann; dies ob der Heftigkeit der Winde, die sie nicht höher wachsen lassen. Diese Birke ist die erste Pflanze nach der Sommersonnenwende, die ausschlägt. Ihre Blätter haben einen so angenehmen und starken Duft, dass sie von den Deutschen in ihren Zelten und bei ihren Gastmählern zur Ergötzung gereicht werden. Bisweilen werden große Mengen Nadelbäume aus Sibirien oder anderswoher angeschwemmt, die von der Kraft der Wellen und des Eises ausgerissen wurden. Diese werden vor allem für den Bau der unterirdischen Schlafräume verwendet. Ob der heftigen Winde, die bisweilen auch Pferde und sitzende Menschen umwerfen können, wird man kaum eine Behausung über der Erde finden.

[14,3] Butter haben sie dank des fetten Grases in großer Menge. Auf Island ist das Gras nämlich so fett, dass man die Rinder nach einer gewissen Zeit von den Weiden fernhalten muss, damit sie

---

[54] Blefken wird diese Darstellung weiter unten überspitzen, jedoch waren traditionelle Häuser auf Island tatsächlich gerne mit einem Grasdach überzogen, dessen Bewuchs vom Boden ohne Unterbrechung über das Dach gezogen wurde, so dass es aussah, als wäre das Haus ein natürlicher Hügel.

hominibus in cistulas ad vestes reponatur. Butyrum plerique propter vasorum inopiam in angulos aedium uti nos calcem aut aliam materiam seponunt idque sine sale.

[14,4] Domestica animalia habent vaccas, sed multae sunt mutilae cornibus. Equi gradarii fere omnes oneribusque ferendis aptissimi. Habent oves praegrandes. Non suem, non gallinam, propter frumenti inopiam, alunt. Si quando illos pabulum aut faenum hieme deficit, pecora piscibus alunt. Canes hirsutos sine caudis et auribus natos animi causa habent, quos care vendunt magnique faciunt, cum tamen liberos suos cuivis petenti vel gratis offerant. Habet praeterea haec insula vulpes albas et eiusdem coloris ingentes ursos. Aves habent nullas praeter aquaticas quarum diversae species et genera ibi reperiuntur nobis incognita. Corvi interdum ad albedinem mutati, falcones quoque egregii et inter hos albi, qui magnis sumptibus ab Hispanis et Lusitanis capti et conquisiti etiam magno numero abducuntur; quod, cum ego in Islandia essem, magno meo commodo factum est. Habet quoque Islandia albas perdices.

[14,5] Fluvii amoenissimi passim per totam insulam, qui incolis pisces magna copia ministrant: salmones, trutas et sturos. Unicus in tota insula est pons ex ossibus balaenae constructus. Proficiscentes ex una insulae parte in aliam per continentem nullam viam propter solitudinem habent, quam sequi possunt. Sed quemadmodum nautae in mari, ita hi opera magnetis sua itinera persequuntur.

[14,6] Immensa est maris iuxta Islandiam profunditas. In istis voraginibus sunt mirae magnitudinis balaenae multaque marina monstra, quae capi aut occidi ab hominibus non possunt. Sola glacies vi ventorum illa ad scopulos collidit enecatque. Vidi tale monstrum eiectum in litus mortuum, cuius longitudo XXX ulnarum, altitudo hastam militarem praelongam superabat. Mortua aut occisa balaena, incolae ex ossibus eius magna dexteritate aedificia et habitacula con-

Reise nach Island, deutsche Übersetzung und Anmerkungen   61

nicht platzen.⁵⁵ Das Gras duftet auch so erfreulich, dass es von unseren Leuten sehr gerne in die Kleiderkisten gelegt wird. Aus Mangel an Gefäßen lagern die meisten die Butter in einem Winkel des Hauses, wie wir den Kalk oder ähnliche Rohstoffe, und dies ohne Salz.

[14,4] Von den domestizierten Tierrassen haben sie Kühe, doch meist mit unterentwickelten Hörnern. Ihre Pferde sind fast alle Zugtiere und bestens geeignet Lasten zu tragen. Sie haben auch sehr große Schafe, halten aber weder Schwein noch Huhn, da es an Getreide mangelt. Wenn den Isländern im Winter einmal Futter oder Heu ausgehen, verfüttern sie Fisch. Hunde, eine zottelige Rasse ohne Schwanz und Ohren, halten sie als Haustiere, die sie teuer verkaufen und hoch schätzen, wohingegen sie ihre Kinder jedem, der will, sogar kostenfrei anbieten. Auf der Insel gibt es außerdem weiße Füchse und riesige Bären derselben Farbe. Vögel haben sie keine außer die Seevögel, deren es hier unterschiedliche Arten gibt, die wir nicht kennen. Es gibt Raben, die bisweilen ein weißes Gefieder aufweisen, auch edle Falken und unter diesen ebenfalls weiße, die unter großem Aufwand von Spaniern und Portugiesen gefangen und in großer Zahl ausgeführt werden. Was zu meinem Glück auch der Fall war, als ich gerade auf Island weilte. Die Insel hat auch weiße Rebhühner.

[14,5] Auf ganz Island gibt es allenthalben schöne Flüsse, die den Menschen Fisch in großen Mengen liefern: Lachse, Forellen und Störe. Es gibt aber auf der ganzen Insel nur eine einzige Brücke. Diese ist aus Walbein gefertigt. Reist man auf dem Landweg von einer Küste der Insel zur anderen, so gibt es ob der Eiswüste keine Straße, der man folgen könnte, sondern man muss – wie die Seeleute auf dem Meer – seinen Kurs mit Hilfe der Kompassnadel halten.

[14,6] Das Meer vor der Küste Islands ist unermesslich tief. In diesen Abgründen leben Wale von erstaunlicher Größe und viele Seeungeheuer, die der Mensch weder fangen noch töten kann. Allein das Eis vermag sie durch die Kraft des Windes gegen die Felsen zu schmettern und umzubringen. Ich sah ein solches Ungeheuer tot am Strand liegen. Es war dreißig Ellen lang und höher als

---

⁵⁵ Der gelehrte Gemeinplatz lässt sich bis zur Irlandbeschreibung des römischen Geographen Pomponius Mela (III, 43) zurückverfolgen.

struunt, item sedilia, scamna, mensas et cetera utensilia fabricant ita levigantes, ut ebori simile sit. In his aedibus dormientes semper de naufragio somniare dicuntur. Etsi vero ingens et formidabilis sit bestia magnumque habeat robur, tamen a suo capitali hoste non adeo magno, qui orca nominatur, saepe non oppugnatur solum, sed vincitur. Habet hic piscis navis inversae formam atque in dorso pinnas acutissimas et longas, quibus mollia ventris balaenae vulnerat et occidit. Adeoque timet hunc piscem balaena, ut illum fugiendo saepe ipsam litori illidat.

[**14,7**] Habet quoque mare Islandicum monstrum, cuius nomen incognitum est. Balaenae speciem iudicant primo intuitu. Cum caput ex mari ostendit, homines ita perterret, ut fere exanimati decidant. Caput quadratum habet, oculos flammeos, circumcirca longis cornibus munitum, corpus nigrum et atris pennis obsitum est. Si quando noctu conspicitur, oculi igniti sunt, ut totum caput, quod ex mari exerit, illustret. Horribilius nihil aut pingi aut comminisci potest. Olaus Magnus huius monstri meminit libro XX dicitque XII cubitos esse longum. Eiusque modi monstrum scapham piscatoriam mordicus tunc temporis contriverat suis dentibus, in qua tres fuerant piscatores, ita ut illi submergerentur. Unus, qui funiculum, quo hamum et pisces ducere solebat, manu prehensum retinuit tabulaeque, quae in mari natabat, adhaerebat – ita ille ex imo in asserem eluctatus servatur atque enatavit, meque praesente regio praefecto haec narravit addens se divinitus servatum, ut liberis alioquin fame perituris victum quaereret, cum ceteri duo, mariti quidem, sed sine liberis fuissent.

ein überlanger Speer. Ist ein Wal verendet oder getötet worden, fertigen die Inselbewohner aus seinen Knochen mit großer Geschicklichkeit Gebäude und Zimmer, ebenso Stühle, Hocker, Tische und andere Gebrauchsgegenstände, die sie so fein abschleifen, dass diese wie Elfenbein wirken. Wer in solchen Wohnräumen schläft, soll angeblich immer von Schiffbrüchen träumen. Und ist der Wal auch ein riesiges und furchteinflößendes Tier mit gewaltigen Kräften, wird er doch von seinem Erzfeind, dem gar nicht so großen, sogenannten Orca, oftmals nicht nur angegriffen, sondern auch überwältigt. Dieser Fisch hat die Form eines umgedrehten Schiffes und besitzt scharfe und lange Rückenflossen, mit denen er den Wal am Unterbauch verletzt und tötet. Und der Wal fürchtet diesen Fisch so sehr, dass er bisweilen auf der Flucht vor ihm sich selbst an die Küste wirft.

[14,7] Die See um Island birgt auch ein Ungeheuer, für das es keinen Namen gibt. Auf den ersten Blick hält man es für einen Wal. Hebt es aber seinen Kopf aus dem Wasser, erschreckt es die Menschen derart, dass diese beinahe entseelt zusammenbrechen. Es hat einen quadratischen Kopf, feuerrote Augen und trägt ringsherum lange Hörner. Sein Leib ist schwarz und mit dunklen Federn bedeckt. Erblickt man es einmal nachts, brennen seine Augen so hell, dass es den ganzen Kopf, den es aus dem Wasser streckt, bescheint. Man könnte nichts Schaurigeres malen oder beschreiben. Olaus Magnus erzählt von diesem Ungeheuer in seinem zwanzigsten Buch und gibt an, es sei zwölf Ellen lang. Ein solches Ungeheuer hatte zu meiner Zeit ein Fischerboot geschnappt und mit seinen Zähnen zermahlen. Auf dem Boot waren drei Fischer gewesen, die alle untergingen. Einer, der eine Leine, an der er sonst Haken und Fisch führte, erwischte und festhielt, die wiederum mit einer im Meer schwimmenden Planke verwickelt war, kämpfte sich so aus der Tiefe herauf, rettete sich auf das Brett und schwamm an Land. Diese Geschichte hat der Mann in meiner Gegenwart dem königlichen Statthalter berichtet, wobei er hinzufügte, er sei durch Gottes Hand gerettet worden, damit er für seine Kinder, die sonst verhungert wären, sorgen könne, wohingegen die anderen beiden zwar verheiratet, jedoch kinderlos gewesen wären.

[14,8] Aliud quoque ibi monstrum frequens videtur et capitur, longum X aut XII ulnas. *Hackal* vocatur. Totum est adeps. Mirabili modo capitur: Hastam praelongam habent, cui ferrum bicipiti cuspide, quod retrogredi nequit, affigunt. Ligno annexus est funis mirae longitudinis. Hanc hastam monstro, quod ad praedam animadverso in parvulis navigiis homine adnatat, figunt. Simulatque monstrum se saucium ac vulnus habere sentit, statim se in profundum abdit atque ibi effuso sanguine moritur. Piscatores deinde longis hastae alligatis funiculis ad terram ducunt.

[14,9] Habet praeterea varia monstra marina: Canem, qui exerto capite e mari latrat atque suos catulos in mari lusitantes rursus in alvum recipit, donec redoleverint. Habet et equos, vaccas et quid non! Ac mirum, quomodo ludat artifex natura in exprimenda omnium animalium terrestrium et volatilium forma in mari. Neque mihi quisquam persuasurus erat vera haec esse, etiamsi decem Aristoteles mihi affirmassent, nisi meis oculis pleraque conspexissem.

[14,10] Ne quis igitur protinus clamet fabulosum esse sibi non compertum: Solebant Lubeccenses, Hamburgenses et Bremenses frequentius magno suo commodo hanc insulam adire, suos servos in hibernis relinquere. Iam vero cautum est autoritate regia, ne quis Germanorum vel negotiandi vel linguae discendae gratia suos ibi famulos per brumam relinquat. Qua vero occasione hoc factum sit, sic se habet: Erat anno Christi MDLXI in Islandia in hibernis civis Hamburgensis Conradus Bloem apud episcopum in Scalholden ab alio negotiandi causa et linguae discendae relictus. Piscatores episcopi cornu monocerotis integrum in glacie – ex Gronlandia (ut existimatur), ubi etiamnum hodie monocerotes esse dicuntur, advectum – inveniunt et domino suo deferunt, dentem balaenae esse rati; neque aliter credidit

[14,8] Häufig sieht und fängt man dort auch ein anderes Ungeheuer. Es ist zehn bis zwölf Ellen lang und wird Hákarl[56] genannt. Das Tier besteht nur aus Fett. Es wird auf sehr merkwürdige Weise gefangen: Man nimmt einen überlangen Speer mit einem doppelten Widerhaken aus Eisen, an dessen Holzschaft eine besonders lange Leine befestigt ist. Diese Lanze sticht man in das Ungeheuer, das, wenn es einmal in den Menschen auf den kleinen Booten seine Beute erkannt hat, sofort auf diese losschwimmt. Sobald das Ungeheuer nun fühlt, dass es verwundet ist, taucht es in die Tiefe ab und stirbt dort durch Verbluten. Mit den langen, an der Lanze befestigten Leinen ziehen die Fischer das Tier dann an Land.

[14,9] Die Insel hat noch zahlreiche weitere Seeungeheuer: Etwa einen Hund, der den Kopf aus dem Wasser steckt und bellt und seine Welpen, die im Meer herumtollen, wieder in den Bauch aufnimmt, bis sie herangewachsen sind. In diesem Meer gibt es auch Pferde und Kühe und was nicht sonst noch alles! Und es ist erstaunlich, wie die schöpferische Natur damit spielt, die Formen aller Tiere des Landes und der Luft auch im Meer abzubilden. Ich selbst hätte mir von niemandem einreden lassen, dass all diese Geschichten wahr sind, – und hätten es mir auch zehn Aristotelesse bestätigt – wenn ich das meiste nicht mit eigenen Augen gesehen hätte.

[14,10] Und dass mir da keiner aufschreit, es sei alles Erfindung, nur weil keiner davon gehört hat: Schon lange kamen wiederholt Lübecker, Hamburger und Bremer auf diese Insel und machten Profit. Sie ließen ihre Bediensteten über den Winter auf Island. Erst jüngst wurde von königlicher Stelle den Deutschen verboten, ihre Angestellten zum Handel oder Spracherwerb für die Winterzeit auf der Insel zu lassen. Aus welchem Anlass es zu dieser Verfügung kam, verhält sich folgendermaßen: Im Jahre des Herrn 1561 verbrachte ein Hamburger Bürger mit Namen Konrad Bloem im Auftrag eines anderen die Winterpause auf Island im Hause des Bischofs in Skálholt, um Handel zu treiben und die Sprache zu lernen. Fischer des Bischofs finden im Eis das vollständige Horn eines Einhorns (wohl aus Grönland angetrieben, wo es bis heute Einhörner geben soll) und bringen es ihrem Herrn in der

---

[56] Hákarl ist das getrocknete Fleisch des fermentierten Grönlandhais.

episcopus, qui Conrado petenti dono dedit. Is paulo nasutior postea Antvverpiae aliquot florenorum milibus vendidit. Haec res cum ad regem Daniae pervenisset, cavit, ne quis Germanus posthac in Islandia vel quavis de causa hibernaret.

De Islandicorum iudicio

15 Est in media fere insula locus amoenissimus. Verno tempore paradisum esse diceres. Ubi olim mons fuit excelsus, qui (ut hodie Hecla) intraneo igne arsit. Quae materia posteaquam consumpta fuit, planitiem effecit. Scopuli tamen, qui circum montem fuerant erecti, adhuc stant. Itaque iste locus natura ita munitus est, ut intrantibus singulis sit eundum. Hic locus duobus cataractis insignis est, ubi duo flumina ex altissimis rupibus e diverso sese praecipitant cum stupenda et horrenda aquarum ad scopulos collisione. Hi fluvii in medio campo se coniungunt et magna vortigine in terram absorbuntur.

[15,2] Hic quotannis ad XXIX Iunii diem incolae, qui aliquam habent controversiam, conveniunt. Nullo enim alio in loco ius dicitur aut tempore. Postquam ingressi sunt, stationes ex praefecti satellitibus ponuntur, qui omnes ingredi cupientes admittunt, exeundi facultas sine consensu et autoritate praefecti nulli datur. Ubi eo ventum est, praefectus

Meinung, es handle sich um einen Walzahn. Dies dachte auch der Bischof und verschenkte es auf dessen Bitten hin an Konrad Bloem. Der war etwas gewitzter und verkaufte das Horn später in Antwerpen für einige tausend Gulden.[57] Und nachdem diese Ereignisse dem dänischen König zugetragen worden waren, verfügte er, dass kein Deutscher mehr zu welchem Behuf auch immer auf Island überwintern dürfe.[58]

Die Rechtsprechung auf Island

15 Fast genau in der Mitte der Insel liegt ein wunderschöner Ort – im Frühling ein wahres Paradies – an dem einst ein Berg hoch aufragte, der (wie heute die Hekla) in seinem Inneren brannte. Nachdem dessen Brennstoff verbraucht war, entstand eine Ebene. Bis heute sind allerdings noch die Felsen erhalten, die um den Berg herum aufgestellt worden waren. Daher ist dieser Platz von Natur aus so gesichert, dass man ihn nur einzeln betreten kann.[59] Dieser Ort besticht durch zwei einander gegenüberliegende Wasserfälle, mit denen sich zwei Flüsse von steil aufragenden Wänden in die Tiefe stürzen, wobei das Brechen der gegen die Felsen schlagenden Wasser zugleich Staunen und Schrecken auslöst. Diese beiden Flüsse verbinden sich mitten in der Ebene und werden in einem mächtigen Strudel von der Erde verschluckt.

[15,2] An diesem Ort versammeln sich jedes Jahr zum 29. Juni all jene Inselbewohner, die irgendeinen Rechtsstreit führen. Denn sonst wird nirgendwo und zu keinem Zeitpunkt Recht gesprochen. Haben sie den Ort betreten, werden mit den Männern des Statthalt-

---

[57] Die bei Blefken als *Florin* bezeichnete Währung ist ursprünglich eine 1252–1533 in Florenz geprägte Goldmünze. Später wurde *Florin* auch die (französische) Bezeichnung der niederländischen Gulden.

[58] 1602 schränkte der dänische König den deutschen Handel mit Island ein. Hamburg verliert dadurch seine Bedeutung an Kopenhagen. Dieses Ereignis ist auch möglicher Anlass für ein erwachtes Interesse an Island bei Blefken selbst, der erst 1607 sein Buch publiziert.

[59] Das Althing in Þingvellir war 930–1262 die gesetzgebende Versammlung auf Island. Þingvellir liegt 52 km nordöstlich von Reykjavík. Der Thingplatz ist von Lavaflächen umgeben. Im Zentrum lag der Gesetz-Felsen (*Lögberg*), auf dem der Gesetzessprecher (*Lögsögumaður*) saß.

regis diploma, quo sui officii fidem facit, publice legendum exhibet et de praeclara regis erga insulanos voluntate deque sua praefatus, ut omnibus sine respectu personarum ius communicent, hortatur. Ipse deinde decedit atque in suo tentorio se continet. Audita sacra contione viri duodecim, quos *lochmaders* (quasi iustitiae viros) dicunt, humi considunt. Singulis in manu liber est eius insulae ius continens populari lingua conscriptus. Accusatione et responsione facta in singulos locos secedunt. Quisque suum librum diligenter evolvit, suum locum deinde repetens sine scriba, sine replicatione aut duplicatione et eiusmodi rabularum forensium praestigiis de sententia communicant eamque pronuntiant. Si quae res deliberatione digna sit, ad Praefectum consultandi et honoris gratia defertur, cum tamen nullam decernendi potestatem illi relinquant. Accusationes pleraeque sunt de furtis et adulteriis. De finibus non ambigunt. De feudis, hereditariis agris aut pecuniae aliqua summa nullae ibi sunt controversiae.

[15,3] Duodecim illi viri, quibus unus supremus praeest, apud illos in magno sunt honore. Hi de omnibus controversiis publicis constituunt diligenterque inquirunt. Si quod eo anno sit admissum facinus, si caedes alicubi sit facta, si furtum, si adulterium commissum, si pecora furto abducta (quod saepe fieri solet), tunc hi poenam constituunt. Damnati capitis securi feriuntur. Ceteris, quibus poena aliqua irrogari debet, stigmata inurunt. Haec poena apud illos est gravissima. In fronte enim notantur. Ita notati in numero sceleratorum habentur. Alii virgis caeduntur. Et vidi, cum pater et filius propter furtum (abigei enim erant) captivi

ters Wachtposten aufgestellt, die all jene, die eintreten wollen, zulassen. Die Erlaubnis den Ort zu verlassen wird jedoch nur mit Zustimmung des Statthalters erteilt. Sobald man sich dort versammelt hat, lässt der Statthalter öffentlich das königliche Dekret verlesen, durch welches er in seiner Funktion bestätigt wird, und ermahnt – nach einer Eröffnungsrede über des Königs und sein eigenes Wohlwollen gegenüber den Inselbewohnern dazu, jedem ohne Ansehen der Person sein Recht zukommen zu lassen. Darauf zieht er sich zurück und verbleibt in seinem Zelt. Nach Anhörung einer Predigt nehmen dann die Zwölf, die man *Lochmaders* (Männer des Gerechtigkeit) nennt, am Boden Platz. Jeder von ihnen hält ein Buch in Händen, welches das Recht der Insel – in der Sprache des Volkes aufgezeichnet – enthält. Nach Anhörung von Anklage und Entgegnung treten sie auseinander. Dann blättert jeder sorgfältig in seinem Buch und zieht sich darauf an seinen Sitzplatz zurück, wo sie ganz ohne Gerichtsschreiber, ohne Entgegnung oder Rückentgegnung und ähnliche Spielereien der Rechtsverdreher über das Urteil beraten und dieses dann verkünden. Bedarf eine Angelegenheit der Abwägung, wird sie aus Höflichkeit vor den Statthalter zur Beratung gebracht, wiewohl sie diesem keine echte Entscheidungsgewalt einräumen. Bei den meisten Anklagen geht es um Diebstahl oder Ehebruch. Über Grundstücksgrenzen streiten sie niemals, noch gibt es auf der Insel Konflikte betreffend Lehen, erbliches Land oder irgendwelche Geldbeträge.

[15,3] Die Zwölf, von denen einer als Höchstrichter fungiert, stehen bei den Isländern in großem Ansehen. Sie entscheiden nicht nur in allen öffentlichen Streitfällen, sondern führen auch genaue Ermittlungen. Wurde in einem Jahr ein Verbrechen verübt, kam es irgendwo zu einem Mord, wurde ein Diebstahl oder Ehebruch begangen, wurden Schafe entführt (was häufig vorkommt), dann setzen die Zwölf auch das Strafmaß fest. Zum Tode Verurteilte werden mit der Axt hingerichtet. Andere, denen irgendeine Strafe aufzuerlegen ist, werden mit Brandmalen gezeichnet. Diese Bestrafung hat bei ihnen großes Gewicht. Die Täter werden nämlich an der Stirn gebrandmarkt und – einmal so gezeichnet – werden sie lebenslang als Verbrecher betrachtet. Wieder andere werden mit Ruten gezüchtigt. Als einmal ein Vater und sein Sohn wegen eines Diebstahls (sie waren nämlich Viehdiebe) in Gefangenschaft saßen, wurde ich Augenzeuge, wie der Vater gezwungen wurde,

detinerentur, quod pater sit coactus filium virgis caedere. Ipse deinde securi est percussus.

De Gronlandia

16 Islandia natura est oblonga. Ab ortu habet Norvvegiam, a meridie Orcades et Scotiam, ad occidentem solem Gronlandiam, ad septentrionem mare Hyperboricum sive Concretum. Etsi Gronlandiam silentio decreveram praeterire, tamen cum ipse terram attigerim et pauca quaedam conspexerim, addendum putavi. Erat in Islandia in coenobio quodam Helgafiel relictus monachus quidam caecus (nam praefectus coenobii reditus in usus regios converterat), qui ibi misere vivebat. Hic erat oriundus ex Gronlandia, obscuro colore et amplo vultu. Hunc praefectus ad se perduci iussit, ut de Gronlandiae statu certi aliquid cognosceret. Dicebat esse in Gronlandia coenobium Divi Thomae, in quod a parentibus, cum esset adolescens, se detrusum esse. Postea ab episcopo Gronlandiae exemptum, cum esset XXX annorum, ut una cum illo in Norvvegiam, Nidrosiam usque ad Archiepiscopum, cui et Islandiae episcopi subditi erant, navigaret. In reditu se ab episcopo, cui Gronlandia erat patria, relictum in coenobio. Factum hoc aiebat anno Christi MDXLVI. Hanc insulam dicebat nominari Gronlandiam antiphrasticôs, eo quod raro aut numquam virescat; tantumque ibi esse frigus per totum annum (Iunio, Iulio et Augusto exceptis), ut etiam pellibus amicti tectique calescere vix possint. Habere domi rotunda ligna, quae, cum pedibus continue moverentur, illorum pedes calefacerent. Abundare aiebat, ut Islandia, piscibus. Habere ursos et vulpes candidi

seinen Sohn mit Ruten zu züchtigen. Er selbst wurde später mit der Axt hingerichtet.

Grönland

16 Island ist von seiner Form her länglich. In seinem Osten liegt Norwegen, im Süden die Orkneys und Schottland, im Westen Grönland und im Norden das Hyperboreische oder Eismeer. Und wenn ich auch ursprünglich vorhatte, über Grönland still hinwegzugehen, dachte ich nun doch, ich sollte, da ich selbst meinen Fuß auf jenes Land gesetzt und dort einiges gesehen habe, auch noch diesen Bericht hinzufügen: Auf Island war in einem Kloster am Helgafell[60] ein blinder Mönch zurückgelassen worden und fristete dort ein elendes Dasein (da der Abt des Klosters die Einnahmen des Klosters der königlichen Schatzkasse zukommen ließ). Dieser Mönch stammte aus Grönland, hatte dunkle Haut und ein breites Gesicht. Der Statthalter ließ den Mann zu sich kommen, um etwas genaueres über die Lage in Grönland zu erfahren. Dieser berichtete, es gäbe in Grönland ein Kloster des Heiligen Thomas, in das ihn seine Eltern, als er ein Jüngling war, abgeschoben hätten.[61] Später, als er schon dreißig Jahre alt war, sei er vom Bischof von Grönland aus dem Kloster genommen worden, um mit diesem nach Trondheim in Norwegen zum Erzbischof, dem auch die isländischen Bischöfe unterstanden, zu segeln. Auf der Rückreise sei er von seinem Bischof, der ebenfalls ein Grönländer war, in dem Kloster auf Island zurückgelassen worden. Dies alles sei, so erzählte er, im Jahre des Herrn 1546 geschehen. Sein Land, berichtete er, werde kat'antiphrasin als Grönland bezeichnet, eben darum weil es dort selten oder gar nicht grüne. Auch sei die Kälte dort über das ganze Jahr so groß (mit Ausnahme von Juni, Juli und

---

[60] Am Helgafell errichteten die ersten Siedler einen Tempel, für Thor. Später ließ Guðrún Ósvífrsdóttir, Hauptperson der Laxdæla Saga, hier ein Kloster errichten.

[61] Der Venezianer Nicolò Zeno (s. Von Thule bis Islanda, Anm. 5) zitiert 1558 in der Edition seiner Karte einen angeblichen Reisebericht von 1380, in dem ebenfalls von einem Mönch aus einem Thomas-Kloster in Grönland die Rede ist.

coloris, immo pygmaeos et monocerotes, neque diescere, quin sol Pisces percurrisset. Monachus hic valde nobis mirabilia narrabat. In coenobio Divi Thomae, in quo ipse vixerat, esse fontem, qui ardentem et flammeam aquam ebulliat. Hunc fontem per lapideos canales ad singulas monachorum cellas duci easque calefacere ut hypocausta apud nos faciunt. Immo omnia edulia apud hunc fontem et aquam igneam haud aliter posse coqui, quam si verus esset ignis. Addebat coenobii muros ex pumicibus ex monte quodam non procul a coenobio Heclae simili esse factos. Si enim has aquas ardentes pumicibus superfuderis, limosam materiam sequi, quam loco calcis pro caemento habeant.

[16,2] Post colloquium praefecti cum monacho privatim accedo hominem, plura et particularia quaedam ab illo percunctaturus de pygmaeis et aliis rebus. Latinam linguam tenuiter attigerat, me latine loquentem intelligebat, verum per interpretem respondebat. Pygmaeos dicebat perfectissimam repraesentare formam humanam. Esse pilosos usque ad digitorum ultimos articulos, mares ad genua usque barbatos esse. Etsi vero hominis formam habeant, sensus tamen nihil illis inesse, non sermonem articulatum, sed sibilum quendam anserum more praeferre. Abbatem suum in coenobio duos et marem et feminam aluisse, verum non diu vixisse, brutaque animalia esse inque perpetua caligine vivere. Quod aliqui his cum gruibus esse bellum dicunt, hoc ignorabat. Rationem victus in Gronlandia, quae sit in Islandia, ex piscibus scilicet, esse adfirmabat, verum non ex pecore, quod nulla pecora habeant; neque populosam esse terram. Statim ab Islandia incipit Oceanus Hyperboricus alluitque Gronlandiam et regionem pygmaeorum, quae ho-

August), dass die Menschen sich selbst in Felle gehüllt und mit solchen zugedeckt kaum erwärmen könnten. Zu Hause habe man runde Holzscheite, die man ständig mit den Füßen rolle, um diese so zu wärmen. Grönland sei wie Island reich an Fischen. Es gäbe dort schneeweiße Bären und Wölfe, sogar Zwerge und Einhörner, und es werde nicht Tag, bevor die Sonne nicht das Sternzeichen der Fische durchlaufen hätte. Der Mönch erzählte uns noch manch Wundersames. So gäbe es im Kloster des Heiligen Thomas, in dem er ja selbst gelebt hatte, eine Quelle, die heißes und brennendes Wasser hervorsprudle. Das Quellwasser werde durch steinerne Kanäle zu den einzelnen Mönchszellen geführt und wärme diese, wie Fußbodenheizungen bei uns. Man könne sogar alle Speisen an diesem brennenden Wasser genauso zubereiten als wäre es echtes Feuer. Die Mauern des Klosters seien überdies mit einem Bimsstein von einem der Hekla ähnlichen Berg in der Nähe des Klosters gefertigt. Gieße man nämlich dieses brennende Wasser über Bimsstein, entstehe eine lehmige Substanz, die sie an Stelle des Kalks für den Zement gebrauchten.

[16,2] Nach diesem Gespräch zwischen dem Statthalter und dem Mönch ging ich nochmals auf eigene Faust zu dem Mann, um von ihm mehr Einzelheiten über die Zwerge und anderes zu erfahren. Er besaß gewisse Grundkenntnisse im Lateinischen, verstand mich also, wenn ich Latein sprach, antwortete aber über einen Dolmetsch. Von den Zwergen sagte er, dass sie ganz und gar wie Menschen aussähen. Sie seien bis zu den äußersten Fingergliedern behaart und die Männchen trügen Bärte bis zu den Knien. Aber obwohl sie aussähen wie Menschen, besäßen sie weder Verstand noch eine artikulierte Sprache, sondern brächten irgendwelche Zischlaute hervor wie Gänse. Sein Abt habe im Kloster zwei von ihnen, ein Männchen und ein Weibchen, gehalten, doch sie hätten nicht lange gelebt. Sie seien eben wilde Tiere und vegetierten in ewiger Dunkelheit. Von der Geschichte, dass die Zwerge im Krieg mit den Kranichen stünden, wusste der Mönch gar nichts.[62] Die Ernährung basiere auf Grönland ebenso wie in Island auf Fisch, jedoch nicht auf Schafen, die, wie er behauptete, dort nicht vor-

---

[62] Blefken bezieht sich auf die homerischen *Pygmäen* (Ilias 3, 56), ein Zwergengeschlecht an den Ufern des Okeanos, das mit den Kranichen im Krieg lebte.

die Nova Zembla appellatur; habetque ibidem mare glaciale sinum, qui mare Album dicitur, suntque ibidem fauces, per quas navigatur (si liceat absque glacie) in Oceanum Scythicum.

[16,3] Et habebat praefectus regiam navem ex Dania, quae in Islandia hiemaverat omnibus necessariis instructam. Cum vero ab monacho de istis locis, faucibus et brevi in regnum Chynae traiectu audiisset, hanc affectabat laudem, ut regi suo per istas fauces et glaciem ad Chynae regnum per mare Tartaricum, quod ab aliis saepe sed frustra tentatum fuisset, <viam> aperiret. Martii igitur ultimo die anno supra millesimum quingentesimum LXIIII ad illa loca eam navem navigare iussit meque una ultro volentem, utque diligenter situm locorum et, quidquid visu et relatu dignum occurreret, annotarem, iniunxit. Eramus in navi homines sexaginta quattuor tam Dani quam Islandici, et XX Aprilis die ad promontorium quoddam Gronlandiae appulimus; cumque nullum portum, cui nos tuto crederemus, invenissemus ac immisso bolide maris profunditatem exploraremus, tanta erat, ut in anchoris subsistere non possemus. Tantaque erat copia glaciei, ut propius ad scopulos navigare neque tutum neque possibile esset.

[16,4] Viginti quattuor igitur armati scapha magno cum labore et periculo ad terram contendimus (inter quos et ego eram) exploraturi, an portum invenire possemus et quales haberet Gronlandia homines. Interim magna navis in mari et glacie summa malacia natabat. Pars dimidia ad custodiendam scapham in litore manebat, altera pars (egoque cum

kämen. Auch sei das Land nicht dicht besiedelt. Gleich hinter Island beginnt ja das Nordmeer, an welchem auch Grönland und das Land der Zwerge liegt, das wir heute Nowaja Semlja[63] nennen. Dort bildet das Eismeer eine Bucht, die man das Weiße Meer nennt, und dort mündet die Meerenge, durch die man (in der eisfreien Zeit) in das Russische Meer segeln kann.[64]

[16,3] Der Statthalter hatte damals ein königliches Schiff aus Dänemark zur Verfügung, das in Island überwinterte und mit allem Notwendigen ausgerüstet war. Nachdem er nun durch diesen Mönch von jenen Regionen, der Meerenge und kurz gesagt von einer Passage nach China erfahren hatte, wollte er den Ruhm für sich, seinem König durch diese Meerenge und das Packeis die Durchfahrt nach China über das Sibirische Meer erschlossen zu haben, was schon viele, jedoch erfolglos versucht hatten. Und so ließ er am letzten März des Jahres 1564 dieses Schiff nach jenen fernen Gegenden absegeln und erteilte mir den Auftrag, meinem eigenen Wunsch entsprechend mitzufahren und einen sorgfältigen Bericht über die geographische Lage und alle sehens- und erzählenswürdigen Besonderheiten aufzuzeichnen. Wir waren vierundsechzig Männer an Bord, Dänen wie Isländer und erreichten am 20. April ein Kap Grönlands. Als wir aber keinen Hafen entdeckten, in dem wir uns sicher fühlten, und das Lot auswarfen, um die Wassertiefe zu messen, fanden wir diese so groß, dass wir nicht vor Anker gehen konnten. Auch war die Eismenge so gewaltig, dass es weder sicher noch überhaupt möglich war, näher an die Felsen heranzufahren.

[16,4] Also fuhren wir mit vierundzwanzig bewaffneten Männern in einer großen Schaluppe (auch ich war dabei) unter großen Mühen und Gefahren an die Küste, um herauszufinden, ob wir nicht doch einen Hafen finden könnten und was für Menschen in Grönland lebten. Das große Schiff dümpelte indessen bei völliger

---

[63] Die russische Doppelinsel im Nordpolarmeer liegt südlich des Franz Josefs Landes. Sie ist die östliche Begrenzung der *Barentssee* und die westliche der *Karasee* (bei Blefken *Weißes Meer*). Diese wiederum ist das Mündungsmeer der großen sibirischen Ströme. Belegte Erstsichtung 1558 durch Sir Hugh Willoughby.

[64] Die Suche nach der Nordostpassage durch Barents 1596 scheiterte am Packeis. Die Formulierung bei Blefken kontaminiert dies mit Nachrichten über die sibirischen Flussmündungen.

illis) speculandi causa excurrimus. Qui in litore ad custodiendam scapham erant relicti, exspatiantes virunculum exanimem promissa barba cum navicula et hamo adunco ex piscis osse et fune coriaceo inveniunt. Naviculae alligatae erant vesicae quattuor piscium, uti existimatur, ne submergeretur, quarum tres flaccidae detumuerant. Hanc (quia nostris valde erat dissimilis) regi Daniae misit praefectus. Olaus Magnus libro I scribit esse petram in medio Islandiae et Gronlandiae Hutisock, quam nos praeternavigavimus, ibique habere ex corio naves, quas se vidisse testatur, verum talis non erat. Sed Petrus Bembus libro VII in historia Veneta describit navem, quae huic similis erat, ubi ita scribit: Navis Gallica dum in oceano non longe a Britannia iter faceret, naviculam ex mediis obscissis viminibus arborumque libro solido concretis aedificatam cepit, in qua homines erant septem, mediocri statura, colore subobscuro, lato ac patenti vultu cicatriceque mira ac violacea signato. Hi vestem habebant e piscium corio maculis eam variantibus. Coronam e culmo pictam septem quasi auriculis intextam gerebant. Carne vescebantur cruda sanguinemque, ut nos vinum, bibebant. Eorum sermo intelligi non poterat. Ex iis sex mortem obierunt, unus adolescens in Aulercos, ubi rex erat, vivus est perductus. Ex Gronlandia hanc navem cum his septem hominibus in oceanum Britannicum propulsam esse non est absimile vero, cum descriptio naviculae Bembi cum illa in Gronlandiae litore inventa conveniat.

[**16,5**] Nos interim huc et illuc in terra nobis incognita, quae nive et glacie tecta erat, oberravimus. Ne hominis quidem vestigia neque habitationem ullam deprehendimus neque aptum portum, sed mare undique praeruptis scopulis erat clausum et communitum. Ursum tamen magnum et

Windstille in Wasser und Eis. Die Hälfte von uns blieb an der Küste, um die Schaluppe zu bewachen, die andere Hälfte (darunter auch ich) schwärmte aus, um Informationen zu sammeln. Von denen, die bei der Schaluppe an der Küste zurückgeblieben waren, wanderten einige herum und entdeckten ein totes Männlein mit langem Bart in einem Boot mit einem krummen Anglerhaken aus Fischbein und einer Lederleine. An das Boot waren vier Fischblasen gebunden, wohl um es unsinkbar zu machen. Von diesen waren drei erschlafft und zusammengefallen. Das Boot (es war nämlich von ganz anderem Typ als unsere) schickte der Statthalter später dem dänischen König. Olaus Magnus schreibt in seinem ersten Buch von einem Felsen zwischen Island und Grönland namens Hutisock, an dem auch wir vorbeikamen.[65] Dort gäbe es Boote aus Leder, die er selbst gesehen zu haben angibt. Aber unser Fund war kein solches. Pietro Bembo hingegen beschreibt im siebenten Buch seiner Geschichte Venediens ein Boot, das diesem ähnlich war. Dort heißt es: „Als ein französisches Schiff im Ozean nicht weit vor Britannien unterwegs war, griff es ein Boot auf, das aus gespaltenen Weidenzweigen und fester Baumrinde gefertigt war. Es waren sieben Menschen von mittlerer Statur und etwas dunklerer Hautfarbe an Bord. Diese hatten ein breites Gesicht mit einer seltsamen bläulichen Narbe. Sie trugen Kleider aus Fischhaut mit bunten Flecken und einen bemalten Strohkranz, in den so etwas wie sieben Ohren eingeflochten waren. Diese Menschen ernährten sich von rohem Fleisch und tranken Blut wie wir Wein. Ihre Sprache war unverständlich. Sechs von ihnen gingen zu Grunde. Ein Jüngling konnte lebend nach Évreux gebracht werden, wo der König weilte." Es ist nicht unwahrscheinlich, dass dieses Boot mit den sieben Menschen an Bord von Grönland in die Gewässer vor Britannien abgetrieben wurde, da die Beschreibung des Bootes bei Bembo mit unserem Fund an der grönländischen Küste übereinstimmt.

[16,5] Indessen irrten wir anderen in diesem fremden Land, das unter Schnee und Eis verdeckt lag, herum. Wir fanden keine Spuren menschlichen Lebens, geschweige denn irgendwelche Siedl-

---

[65] Vermutlich *Kulusuk* (dänisch *Kap Dan*), eine kleine Siedlung bei *Tasiilaq* in Ost-Grönland auf der Insel *Ammassalik* am Eingang des Ammassalik-Fjords.

album habuimus obviam, qui neque nos timebat neque nostro clamore abigi poterat, verum recta ad nos, tamquam ad certam praedam, contendebat. Cumque propius nos accessisset, bis bombarda traiectus ibi demum erectus posterioribus pedibus tamquam homo stabat, donec tertio traiceretur, atque ita exanimatus concidit. Exuviae regi Daniae missae sunt. Convenerat inter nos, antquam ex navi in terram descenderemus, si commodum inveniremus portum aut alioqui nobis illorum auxilio opus foret, ut vexillum, quod in hunc usum nobiscum extuleramus, convelleremus. Illi vero, si nos revocarent, tormentis id significarent. Tempestate coorta interim navarchus tormentorum tonitru signum redeundi dat nosque ad navem revocat. Itaque omnes rursus magno cum labore post tres dies ad navem cum ursi exuviis <sumus> reversi.

[16,6] Ad alterum igitur latus insulae ad septentrionem usque ad pygmaeorum regionem aut Novam Zemblam navigavimus, ut per fauces maris Albi in oceanum Scythicum sive Tartaricum veniremus, unde in regnum Chynae et Cathai traiectus esse dicitur, sed glacie prohibiti fauces eiusdem maris transire non potuimus. Itaque re infecta XVI Iunii in Islandiam sumus reversi.

17 Antea dixi Islandicos ad XXIX Iunii diem in media fere insula quotannis ad iudicium convenire. Post vero nostrum reditum praefectus eo contendebat (egoque una cum illo). Ex proximis Heclae accolis aliqui tunc ad iudicium venerant, quos praefectus semel atque iterum ad prandium et cenam invitabat. Hi mira inter cenandum de Hecla monte aliisque referebant. Ego illico accensus cupiditate videndi et adeundi omnia. Quare commendavit me praefectus hisce hominibus, ut me eo deducerent, omniaque quae ibi visu digna nossent, mihi commonstari iussit. Erat hic praefectus Danus homo nobilis, eleganter litteris excultus. Huic viro certe non parum debeo propter summam in me liberalitatem, quod me ad

lungen, noch einen geeigneten Hafen. Vielmehr war das Meer von allen Seiten durch steile Felswände versperrt und unzugänglich. Wir trafen jedoch auf einen großen, weißen Bären, der uns weder fürchtete noch durch Geschrei vertrieben werden konnte, sondern geradewegs auf uns los ging, als wären wir seine sichere Beute. Als er uns zu nahe gekommen war, feuerten wir, doch erst nach dem zweiten Treffer richtete sich der Bär auf seinen Hinterbeinen auf und stand da wie ein Mensch, bis es zum dritten Mal getroffen leblos zusammenbrach. Das Fell wurde dem dänischen König zugesandt. Bevor wir an Land gegangen waren, hatten wir vereinbart, falls wir einen geeigneten Hafen fänden oder sonst Hilfe vom Schiff bräuchten, die Standarte, die wir zu diesem Zweck mitgeführt hatten, einzuholen. Die Schiffsbesatzung wiederum sollte, falls sie uns zurückrufen müssten, mit den Kanonen Signal geben. Da nun in der Zwischenzeit ein Sturm aufgekommen war, gab der Kapitän mit Kanonendonner das Signal zur Rückkehr und rief uns damit an Bord. Und so kehrten wir alle nach drei anstrengenden Tagen an Land mitsamt dem Bärenfell zu unserem Schiff zurück.

[16,6] Daraufhin segelten wir an der anderen Seite der Insel nach Norden bis ins Gebiet der Zwerge oder Nowaja Semlja, um durch die Enge des Weißen Meeres in das Russische oder Sibirische Meer zu gelangen, von wo es eine Passage nach China oder Cathay[66] geben soll, wurden jedoch durch das Packeis daran gehindert, jene Meerenge zu passieren. Und so kamen wir unverrichteter Dinge am 16. Juni nach Island zurück.

17 Wie schon erwähnt kommen die Isländer jedes Jahr am 29. Juni im Herzen der Insel zusammen, um Gericht zu halten. Und so reiste der Statthalter auch nach unserer Rückkehr eben dorthin (und ich mit ihm). Es waren damals auch einige Menschen, die nahe an der Hekla wohnten, zum Gerichtstag gekommen, die der Statthalter ein- zweimal zum Mittag- und Abendessen einlud. Diese Leute berichteten bei Tisch unglaubliche Dinge über den Berg Hekla und andere. Ich war sofort Feuer und Flamme alles selbst zu sehen und zu besuchen. Und so trug der Statthalter diesen Leuten auf, mich dorthin zu geleiten und hieß sie, mir alles, was sie dort für sehenswert hielten, zu zeigen. Der genannte Statthalter war ein dänischer Edelmann von einiger Bildung. Ihm verdanke

---

[66] *Cathay* war durch Marco Polo als Bezeichnung Chinas sehr verbreitet.

varia insulae loca, ubi singulare aliquid videbatur, suis sumptibus vehi curaverit. Ego comitatus duobus Islandicis et Dano quodam, qui commeatum et tentoriolum equo vehebat, totum quadriduum consumpsi, dum per loca aspera, montosa et avia ad hunc montem contendimus. Ad aliquot miliaria circum Heclam omnia nigro cinere et pumicibus erant repleta. Monebant me Islandici, ne propius accederem, abducto et equo, quem ipsi mihi concesserant. Ego, quia omnia diligenter investigare et videre decreveram, Dano homine comitatus propius quasi montem ascensurus accessi et, quamvis primo aspectu horror nos invaserat, ab instituto tamen discedere nolui et per aetatem periculum non intelligens per cinerem et pumices solus relicto Dano ad Heclam contendebam. Erat tunc mira ibidem tranquillitas, ut nec ignem nec fumum quidem viderem. Ecce subito in terrae visceribus magnus auditur fragor. Hunc secutae sunt flammae caerulei coloris, quae sulphureo suo et taeterrimo foetore me paene extinxerunt, vixque ad relictos comites et equos evasi. Ex subita illa consternatione in morbum incidi et vehementem cogitationem, cum horrendae istae flammae semper mihi ob oculos versarentur; ita quidem, ut Islandici mei comites ad ipsorum habitationem me abducere cogerentur, apud quos integros menses duos decubui, cum interim Danus ad praefectum et Hamburgenses rediret deque mea conditione illos certiores faceret.

[17,2] Ego inter barbaros aeger et ignotus misere vivebam. Biscoctum habebant, quem lacte macerabam et ita famem tunc tolerabam interea, dum valentior factus ad praefectum redirem. Hamburgenses propter anni tempus, ne navigandi facultatem amitterent, iam de reditu meo desperantes, solverant (solvunt enim ante XXIIII Augusti diem, ne post glacie prohibiti exire nequeant), singulari tamen studio praefecto, si quando redirem, me commendaverant relicto biscocto, vino et cervisia. Habet praefectus satis commodam

ich Vieles, denn er war mir gegenüber immer äußerst großzügig und ließ mich auf seine Kosten zu verschiedenen Orten auf der Insel bringen, an denen es etwas besonderes zu sehen gab. Ich war also in Begleitung von zwei Isländern und eines Dänen, der den Proviant und ein Zelt auf seinem Pferd transportierte, ganze vier Tage lang unterwegs, um durch schwieriges, gebirgiges und unwegsames Gebiet zu dem berühmten Berg zu reisen. Schon einige Meilen um die Hekla war alles voll mit schwarzer Asche und Bimsstein. Die Isländer warnten mich davor, weiter zu gehen, und nahmen mir sogar das Pferd weg, das sie mir zuvor geliehen hatten. Ich aber hatte mir vorgenommen, alles genau zu untersuchen und selbst zu sehen, und so ging ich nur in Begleitung des Dänen weiter, denn ich wollte den Berg besteigen. Und wiewohl uns beim Anblick des Berges zunächst das Grauen befiel, wollte ich doch nicht von meinem Plan lassen und marschierte in jugendlicher Verkennung der Gefahren, nachdem ich nun auch den Dänen zurückgelassen hatte, allein weiter über Asche und Bimsstein bis zur Hekla. Zu jenem Zeitpunkt war es dort gerade auf unheimliche Weise ruhig, so dass ich weder Feuer noch Rauch sehen konnte. Doch dann war da plötzlich in den Eingeweiden der Erde ein gewaltiges Krachen zu hören. Und gleich darauf gab es Flammen von bläulicher Farbe, die mich mit ihrem widerlichen Schwefelgestank fast erstickt hätten. Mit knapper Not entkam ich zu den zurückgelassenen Gefährten und den Pferden. Infolge des erlittenen Schocks wurde ich krank und hatte heftige Wahnvorstellungen von jenen schaurigen Flammen, die mir ständig vor Augen waren. Es war so schlimm, dass mich meine isländischen Begleiter in ihr Haus bringen mussten, wo ich zwei ganze Monate darnieder lag, während der Däne zum Statthalter und den Hamburgern zurückkehrte und diese von meinem Zustand unterrichtete.

[17,2] Indessen fristete ich ein trauriges Leben als kranker Fremdling unter Barbaren. Sie hatten Zwieback, den ich in Milch aufweichte und so meinen Hunger ertrug, bis ich endlich wieder einigermaßen bei Kräften war und zum Statthalter zurückkehren konnte. Um nicht in die für die Schiffahrt ungeeignete Jahreszeit zu kommen, waren die Hamburger, nachdem sie die Hoffnung auf meine Rückkehr aufgegeben hatten, schon abgesegelt (man läuft nämlich immer vor dem 24. August aus, um nicht später vom Packeis blockiert zu werden). Sie hatten mich allerdings zuvor der

habitationem pro more et modulo istius regionis ad meridiem eius insulae, non longe a portu Haffnefordt; locus dicitur Bestede. Huc ad praefectum ab Islandicis adhuc aeger perductus sum, qui me propter communia studia libenter et honorifice excepit.

[17,3] Quamvis vero rebus omnibus et necessariis eramus ampliter instructi, tamen in illis tenebris admodum pertaesus eam vitam magno desiderio futurum annum navesque ex Germania expectabam. Gliscebat tunc bellum inter Ericum Suetiae et Fredericum secundum, Daniae regem, quod magnis animis post ad decennium gestum est. Dano erant confoederati Lubecenses et belli consortes. Sic pleraeque maritimae civitates ad mare Balthicum bello hoc impeditae aut implicitae navigationem in Islandiam hoc anno intermiserunt, itaque mihi frustra expectanti erat manendum. Sequenti anno, cum ad exitum Iunii expectassem, omnis spes redeundi in Germaniam eo anno sublata erat et,

besonderen Aufmerksamkeit des Statthalters empfohlen, falls ich doch noch einmal zurückkäme, und hatten für mich Kekse,[67] Wein und Bier zurückgelassen. Der Statthalter verfügt über eine recht angenehme Unterbringung für die hiesigen Verhältnisse, im Süden der Insel nicht weit von Hafnarfjörður. Der Ort heißt Bessastaðir.[68] Immer noch krank wurde ich von den Isländern dorthin zum Statthalter gebracht, der mich, da er meine wissenschaftlichen Interessen teilte, gerne und mit allen Ehren bei sich aufnahm.

[17,3] Doch so sehr wir auch in seinem Haus mit allem Notwendigen reichlich versorgt waren, wurde ich in jener Finsternis[69] dennoch ganz und gar dieses Lebens überdrüssig und erwartete mit großer Sehnsucht das neue Jahr und die Schiffe aus Deutschland. Zu jenem Zeitpunkt tobte gerade ein Krieg[70] zwischen Erik von Schweden[71] und Friedrich II.,[72] dem König von Dänemark, der mit großer Leidenschaft fast noch ein ganzes Jahrzehnt lang geführt werden sollte. Der Dänenkönig hatte die Lübecker als Verbündete, die an seiner Seite kämpften. Darum waren die meisten Hafenstädte an der Ostsee in den Krieg verwickelt und mussten ihre Handelsfahrten nach Island in diesem Jahr aussetzen. Und so wartete ich vergebens und musste bleiben. Im folgenden Jahr, nachdem ich bis Ende Juni gewartet hatte, war jegliche Hoffnung, noch im selben Jahr nach Deutschland heimzukehren, dahin und – was noch schlimmer war – auch das jährliche Schiff aus Dänemark war

---

[67] *Biscoctum* ist oben negativ gewertet und meint wohl Zwieback. Hier aber muss eine kontinentale Köstlichkeit intendiert sein, also wohl Kuchen oder Kekse (wie ital. *biscotti*).

[68] In *Bessastaðir* stand im 13. Jh. der Hof des Snorri Sturluson (des Autors der Edda). Nach dessen Tod fiel dieser dem norwegischen König zu. In den folgenden Jahrhunderten blieb *Bessastaðir* Sitz der Vertreter des Königs. Heute ist hier der Sitz des Präsidenten.

[69] Es ist die konkrete Winterfinsternis gemeint, die bei Blefken offenbar Depressionen auslöste.

[70] Der Dreikronenkrieg (auch: Nordischer Siebenjähriger Krieg). Erik XIV. in Schweden und Friedrich II. in Dänemark kämpften letztlich um Estland. Schweden durchkreuzte mit seinen Feldzügen Dänemarks Pläne, Estland zu gewinnen. Der Krieg begann 1563, als die Dänen Eriks Gesandte festhielten. Die Hansestadt Lübeck schloss sich Dänemark an, weil Schweden den Handel mit Russland behinderte.

[71] Erik XIV., 1560–1568 König von Schweden.

[72] Friedrich II., König von Dänemark und Norwegen 1559–1588.

quod durius, navis annotina ex Dania non venerat atque menses fere quattuor et panis et vinum nos defecerant.

[17,4] Haerebant tunc in Islandia Lusitani aucupii gratia non admodum magna navi. Hi falcones nobiles et inter hos albos magno numero abducebant. Cum his visum est potius in Lusitaniam traicere quam ad alterum annum aut Danos aut Germanos expectare. Cumque praefecto vectigal darent, egit cum illis meo nomine de sumptibus, ut cum illis navigarem; sumptusque ille liberaliter solvit meque honorifice cum dono non contemnendo dimisit. Erat haud procul a regia domo minister quidam, Ionas nomine. Is me, antequam discederem, familiariter salutabat. Nam per id tempus, quo in Islandia fui, aliqua mihi fuit cum illo familiaritas. Cui etiam libros meos reliqui. Is mihi discedenti amicitiae erga in sudario tres nodos nexit promisitque secundum ventum dicens: Si quando forte in mari venti contrarii fuerint, aperi hos nodos meique tunc memineris! Cum vero ad XX Septembris diem navigassemus ac iam Hispania nobis in conspectu esset, tanta fuit malacia, ut ne ventum quidem sentiremus, idque toto triduo. In ista malacia incidit mihi promissio amici placuitque experiri. Solvo primum nodum. Mox post horam exortus est ventus mire secundus, sed admodum leviter spirans. Resolvo secundum ac tertium. Statim coepit magis ac magis incrudescere tempestas; ita quidem, ut post biduum in Tago flumine, quod Lissabonam alluit, consisteremus.

nicht eingetroffen und wir hatten schon seit fast vier Monaten weder Brot noch Wein.

[17,4] Zu jener Zeit lagen in Island portugiesische Vogelfänger mit einem nicht allzu großen Schiff. Diese wollten Edelfalken und zwar vorzüglich weiße in großer Zahl ausführen. Ich beschloss lieber mit diesen nach Portugal zu reisen als bis zum nächsten Jahr auf Dänen oder Deutsche zu warten. Und als die Portugiesen dem Statthalter ihren Zoll entrichteten, verhandelte dieser mit ihnen in meinem Namen um die Kosten für meine Mitreise. Auch übernahm er großzügigerweise die Reisekosten für mich und verabschiedete mich mit allen Ehren und einem beträchtlichen Geschenk. Nicht weit vom Palast des Statthalters wohnte einer seiner Bediensteten mit Namen Jonas. Dieser kam vor meiner Abreise, um mir Lebewohl zu sagen, denn während meiner Zeit auf Island hatte ich mich irgendwie mit diesem angefreundet. Ich überließ ihm auch meine Bücher und er knüpfte mir zu meiner Abreise als Zeichen der Freundschaft drei Knoten in ein Taschentuch und versprach mir damit günstigen Wind. Er sagte: „Wenn du auf dem Meer einmal schlechten Wind hast, so öffne diese Knoten und du wirst an mich denken!" Als wir dann am 20. September schon in Sichtweite der iberischen Küste segelten, kam eine solche Flaute, dass wir keinen Lufthauch mehr spürten und dies für drei ganze Tage. Bei dieser Flaute fiel mir wieder das Versprechen des Freundes ein und ich beschloss, es auszuprobieren. Ich löse den ersten Knoten: Schon nach einer Stunde hebt sich ein Wind genau aus der richtigen Richtung, weht aber noch sehr schwach. Ich löse den zweiten und den dritten Knoten: Sofort begann es mehr und mehr bis zu Sturmstärke aufzufrischen, und zwar derart, dass wir schon zwei Tage später im Tejo, an welchem Lissabon liegt, anlegten.

Von Thule bis Islanda

Die kartographische Darstellung Islands von den Anfängen bis in die 2. Hälfte des 18. Jahrhunderts

Lange blieb das knapp südlich des Polarkreises gelegene Island, obwohl spätestens seit dem 7/8. Jahrhundert bekannt, trotz seiner beträchtlichen Größe von über 100.000 km^2 von den Kartographen des Mittelalters und der frühen Neuzeit unbeachtet. Weit abseits der territorialen Interessen der mitteleuropäischen Mächte gelegen, war es auf den Karten nur eine von vielen Phantasie-Inseln, die mit wechselnden Positionen den Nordatlantik „bevölkerten".

Auf Grund der Berichte des Pytheas von Massilla (4. Jhdt. v. Chr.) vielfach mit der mythischen Insel *Thule* gleichgesetzt, findet es erst auf der um 1040 hergestellten sogenannten *Anglo-Saxon Cotton World Map*[1] als *Islanda* seine erste namentliche Erwähnung. Im Laufe des 13. Jahrhunderts erscheint diese oder eine ähnlich klingende Bezeichnung immer wieder auf Portulan-Karten, die auf englischen Quellen basieren, während sie auf den ursprünglichen Ptolemäus-Karten völlig fehlt.[2]

Erst gegen Ende des 15. Jahrhunderts bilden sich drei feste Typen heraus, die mit einer kartographischen Darstellung Islands gleichgesetzt werden können:

Bei der auf Claudius Clavus zurückgehenden Variante wird Island als eine in Nord-Süd-Richtung langgestreckte Insel dargestellt.[3] Vermutlich über Nicolaus Germanus (ca. 1420-1490) fand dieser ursprünglich sichelförmige Typ[4] als ovale Insel, umge-

---

[1] British Library; Cotton MSS, Tib. B. V, folio 56v; digitale Darstellung: http://upload.wikimedia.org/wikipedia/commons/b/b1/Anglo-Saxon_World_Map_Corrected.png (eingesehen März 2011)

[2] O. Dreyer-Eimbcke, Island, in: I. Kretschmer – J. Dörflinger – F. Wawrik, Lexikon zur Geschichte der Kartographie 1. Wien 1986, 335f.

[3] Der 1388 auf der dänischen Insel Fühnen geborene Clavus fertigte um 1427 für eine Abschrift der Geographia des Ptolemäus eine Karte sowie eine Beschreibung über die nord-west-europäischen Länder an.

[4] Vgl. dazu die Abbildung der Clavus-Karte, deren Original in der Bibliothek von Nancy aufbewahrt wird:

ben von einem Ring aus acht kleineren Inselchen, Eingang in die *tabulae modernae* des beginnenden Druckzeitalters, wie er sich zum Beispiel auf der Skandinavienkarte in der Straßburger Ptolemäus-Ausgabe von 1513 wiederfindet. (Abb. 1)

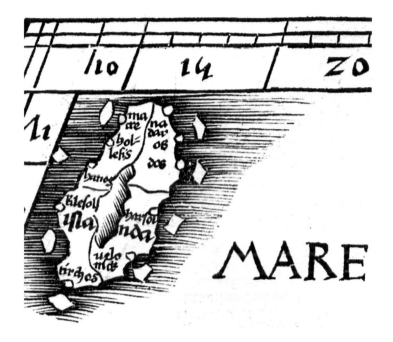

Abb. 1: Ausschnitt aus der *Tabula Moderna Norbergie et Gottie*, in der *Geographia* des Claudius Ptolemäus, Straßburg 1513, ÖAW-Sammlung Woldan.

Die u.a. von Niccoló Zeno (1515-1565)[5] verwendete *Fixlanda / Frislandia*-Variante ist im Gegensatz dazu eher quadratisch, während sich Island auf der *Carta Marina* des Olaus Magnus (1490-1557) eher in West-Ost-Richtung erstreckt.

---

[5] http://img.kb.dk/tidsskriftdk/gif/gto/gto_0092-IMG/gto_0092_0023_1.jpg (eingesehen März 2011)
Durch seinen über weite Strecken fiktiven Bericht über die Reise seiner Vorfahren und seiner ebenso fiktiven Karte (1558) sorgte Zeno für lang anhaltende Verwirrung unter den späteren Kartographen, die auf ihren Karten den Nordatlantik darstellen wollten.

Eine erste gedruckte „Spezialkarte" von Island findet sich erst im *Libro di Benedetto Bordone Nel qual si ragiona de tutte l'Isole del mondo* (1528). Sie folgt von der Form her dem Clavus-Typus, zeigt inhaltlich aber nur sieben unbenannte Städte und die üblichen acht umgebende Inseln (Abb. 2).

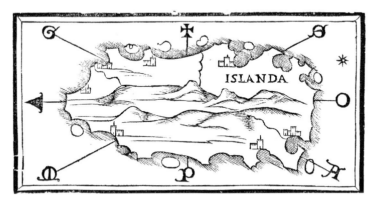

Abb. 2: Die *Islanda*-Karte aus der 1528 in Venedig gedruckten *Isolaria* des Benedetto Bordone (1460–1531), ÖAW-Sammlung Woldan.

Von der Küstengliederung her noch unergiebiger wird Island in Jacob Zieglers Skandinavienkarte von 1532 dargestellt,[6] doch finden sich hier mit den beiden Bischofssitzen *Holen* und *Skalholten* erstmals zwei Siedlungsbezeichnungen sowie mit der Ansicht des *Hekelfol promont*[urium][7] eine topographische Darstellung mit Benennung. (Abb. 3)

Dieser Tradition folgend zeigt auch die *Carta Marina* (1539) des Olaus Magnus den Vulkan Hekla sowie zwei weitere feuerspeiende Berge. Es werden auch in Island heimische Tiere wie Eisbären (*Ursi Albi*), Schneeraben (*Corvi Albi*) und Gerfalken (*Falcones Albi*) dargestellt. Die wirtschaftliche Bedeutung der

---

[6] Octava Tabula continet Cheronneum Schondiam, Regna autem potissima, Norduegiam, Sueciam, Gochiam, Findlandiam, Gentem Lapones, in: J. Ziegler – W. Wissenburg, Terrae Sanctae, quam Palaestinam nominant, Syriae, Arabiae, Aegypti & Schondiae doctissima descriptio, Straßburg 1536.

[7] Der eigentlich im südlichen Landesinneren Islands gelegene Hekla wird hier irrtümlich als Westkap dargestellt.

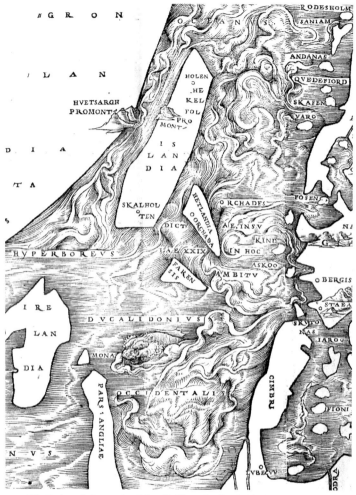

Abb. 3: Ausschnitt aus der *Schondia*-Karte des Jacob Ziegler (Straßburg 1536), ÖAW-Sammlung Woldan.

Insel als Stützpunkt für die europäische Hochseefischerei und den Walfang wird durch ankernde Schiffe bzw. von Ankersignaturen kombiniert mit Zeltdarstellungen symbolisiert. Auch die daran beteiligten Mächte England, Dänemark und Deutsche Hanse werden in Form von sich zum Teil bekämpfenden Schiffen namentlich

genannt. Die wichtigen Exportgüter wie Pelze und Schwefel werden durch Füchse bzw. Schwefelöfen deutlich gemacht.[8]

Ein weiteres Merkmal, das zum Teil auch die späteren Kartographen des 16. und 17. Jahrhunderts übernahmen, ist die gehäufte Darstellung von Seeungeheuern und Schiffsunglücken in den isländischen Gewässern. Einerseits weist Magnus damit auf die apokalyptische Bedeutung Thules als Ende der Welt hin und andererseits stellt er die realen Gefahren für die Schifffahrt in den polaren Gewässern wie z. B. Treibeis dar. Selbst in seiner Beschreibung der Nordländer[9] beigegebenen, stark kleinen Variante der Karte, sieht man östlich von Island ein Meeresungeheuer, das gerade ein Schiff verschlingt (Abb. 3).

Abb. 4: Detail der Karte *Regnorum Aquilonarum* [sic] *descriptio* aus:
O. Magnus, *Historia de gentibus septentrionalibus*, Rom 1555,
ÖAW-Sammlung Woldan.

---

[8] Vgl. dazu die digitale Abbildung der Carta Maria unter: http://upload.wikimedia.org/wikipedia/commons/e/ea/Carta_Marina.jpeg (eingesehen März 2011)

[9] O. Magnus, Historia de Gentibus Septentrionalibus, Rom 1555.

Eine Art Übergangstypus liefert der italienische Historiker und Geograph Thomaso Porcacchi da Castiglione (1530-1585) mit seiner Darstellung Islands in seinem Inselbuch von 1572.[10]. Von der Form und den geographischen Inhalten her gleicht diese Karte weitgehend der *Carta Marina*, doch verzichtet Porcacchi auf das schmückende Beiwerk und liefert stattdessen ein sehr nüchternes Bild der Insel mit sechs Städtesignaturen und der für die damalige Zeit typischen Abbildung der Gebirge in Maulwurfshügelmanier. Lediglich der feuerspeiende *Mons Helafiel* sticht ein wenig heraus und die bei Magnus ausgeführten Felswohnungen (*Cryptoporticus*) wurden als individuell gestaltete Elemente übernommen. Außerdem ist die Hauptinsel wie bei Clavus von einem Ring kleinerer Inseln umgeben, die zwar zum Teil namentlich bezeichnet werden, aber kaum etwas mit der Realität zu tun haben (Abb. 5).

Abb. 5: Die *Islanda*-Karte aus der zweiten Auflage von Porcacchis Werk *L'isole piú famose del mondo*, Venedig 1576, ÖAW-Sammlung Woldan.

Ein ähnliches Bild wie Bordone liefert der flämischer Kartograph und Geograph Abraham Ortelius (1527-1598) in den frühen Ausgaben seines *Theatrum Orbis Terrarum* (1570), das als

---

[10] T. Porcacchi, L'isole piú famose del mondo, Venedig 1572, 1.

erster „moderner" Atlas gilt: Island wird hier nur auf der Europakarte dargestellt mit neun Siedlungen und den vorgelagerten Inseln, allerdings sind den Siedlungssignaturen auch Namensbezeichnungen beigegeben. Hinzu kommen noch erste Bezeichnungen von Buchten, Fjorden, Kaps– darunter auch das irrtümlich als Westkap dargestellte *C. Hekelfort* aus Zieglers Schondia-Karte – und Landschaften (Abb. 6).

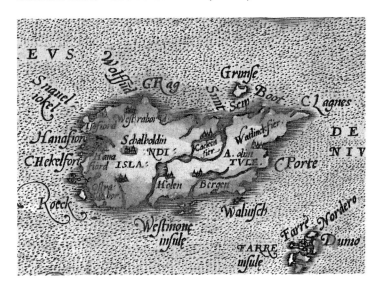

Abb. 6: Island auf der Europakarte des Abraham Ortelius, aus: A. Ortelius, *Theatrum Orbis Terrarum*, Antwerpen 1573, ÖAW-Sammlung Woldan.

Erst 1590 gibt Ortelius dem vierten *Additamentum* zu seinem Atlas[11] eine eigene *Islandia*-Karte bei. Mit diesem 1585 gestochenen Blatt erhält Island erstmals in gedruckter Form eine großmaßstäbliche Darstellung, die nicht weniger als 250 Ortsnamen aufweist und auch in allen weiteren Ausgaben des Atlas von 1590 bis1612 enthalten ist (vgl. Abb. 7).

---

[11] F. Wawrik, Berühmte Atlanten, Dortmund 1982, 64.

Abb. 7: Die Island-Karte des Abraham Ortelius, aus: A. Ortelius, *Theatrum Orbis Terrarum*, Antwerpen 1612, ÖAW-Sammlung Woldan.

In dieser Karte finden sich zwar immer noch einige Elemente der bereits mehrmals erwähnten *Carta Marina*, der Großteil der Gestaltung lässt sich aber auf den Entwurf des Bischofs der isländischen Stadt Hólar Guðbrandur Þorláksson (1541-1627) zurück-

führen, der um 1579 eine erste detaillierte Karte Islands erarbeitet hatte. Ortelius dürfte die verlorengegangene Karte oder Vorstudien dazu über den dänischen Historiker Andreas Sørensen Vedel (1542-1616) erhalten haben.[12] Die Orteliuskarte bietet damit erstmals eine realistische, aber auch sehr dekorative Darstellung der Küstenlinien Islands, u.a. mit der charakteristischen Form der *Vestfirðir* (dt. „Westfjorde") genannten Halbinsel im Nordwesten. Umgeben wird die Insel ähnlich wie bei Olaus Magnus von zahlreichen Meeresungeheuern, die z. T. auf tatsächlich existierenden Tieren wie Eisbären auf Eisschollen, Seehunden, Walrossen oder Walen, z. T. auf reinen Phantasiegestalten basieren. Die Schiffsdarstellungen hingegen fehlen völlig. Insbesondere der Abbildung von Walen oder walähnlichen Geschöpfen wird ein relativ großer Raum eingeräumt, womit auch deren herausragende Bedeutung für die europäischen Fangflotten in den isländisch-arktischen Gewässern dokumentiert wird (vgl. Abb. 8).

Abb. 8: Eine hanseatische Walfangflotte vor Spitzbergen, aus: F. Martens, *Spitzbergische oder Groenlandische Reise Beschreibung*, Hamburg 1675, ÖAW-Sammlung Woldan.

---

[12] Vgl. dazu die Widmung der Karte: *Illustriss. ac poteniss. regi Frederico II Daniae, Norvegiae, Slavorum, Gothorumque regi; etc. principi suo clementissimo Andreas Velleius describeb. et dedicabat.*

erweitert wurde. Das so entstandene Kartenblatt stellte somit den damals aktuellen Wissensstand dar und wurde zwischen 1630 und 1670 von den beiden führenden Kartenverlagshäusern Blaeu und Janssonius in Amsterdam verlegt. Diese Karte fand über deren „Vorzeigeprodukte", den *Atlas major* bzw. den *Atlas Novus absolutissiums* eine derart weite Verbreitung, dass sie für über 100 Jahre das Kartenbild Islands prägte.[15]

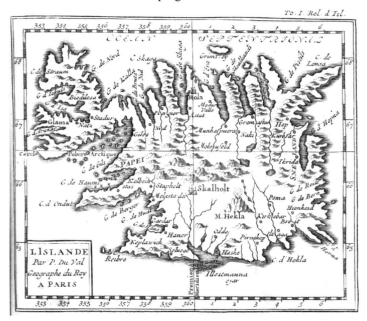

Abb. 11: Verkleinerte Ausgabe der Islandkarte des Pierre DuVal, in: *Recuil de Voiages au Nord* 1, Amsterdam 1715, ÖAW-Sammlung Woldan.

Zwar besuchten auch weiterhin niederländische, englische, hanseatische und ab den 1680-Jahren verstärkt auch französische Fisch- und Walfangschiffe die isländischen Gewässer und legten dort wohl auch immer wieder Stützpunkte für die Verarbeitung des Fanges an.[16] Doch da seit 1602 die Dänen das Handelsmonopol für Island beanspruchten, war das wirtschaftliche Interesse der übrigen

---

[15] Wawrik, Berühmte Atlanten, 104-116.
[16] Vgl.: http://www. whalemuseum.is/whaling-iceland/history-of-whaling.

europäischen Mächte an der Insel selbst eher gering. Trotzdem lieferten die Kartographen dieser Länder wie etwa die Franzosen Pierre DuVal (1619-1683) und Didier Robert de Vaugondy (1723-1786) auch weiterhin „neue" Karten Islands (vgl. Abb. 11 und 12), die aber kaum inhaltliche Verbesserungen zeigen.[17]

Abb. 11: Nebenkarte der Skandinavienkarte, aus: D. R. de Vaugondy, *Atlas universelle*, Paris 1757, ÖAW-Sammlung Woldan.

Erst durch die Initiative des Dänen Peter Raben, der von 1720-1727 als Gouverneurs auf Island amtierte, sollte eine Änderung dieses Zustandes eintreten. Er beauftragte 1721 den Isländer Magnus Arason, eine „accurate" Karte zu erarbeiten. Arason wurde sich sehr bald dessen bewusst, dass für einen tatsächlichen Fortschritt in der kartographischen Darstellung seiner Heimat wesentlich umfang-reichere Messungen der Längen- und Breiten-

---

[17] Dreyer-Eimbcke, Von der Geschichte der Kartographie Islands, 21.

positionen verschiedener Punkte auf Island notwendig waren. Umgesetzt wurden seine Forderungen aber erst durch seinen Nachfolger, den norwegischen Marineoffizier und Kartographen Thomas Hans Heinrich Knoff (1699-1765), der sich mit Vermessungs-Expeditionen in den Jahren 1728-1733 mehrmals auf Island aufhielt. Wenn auch sein Versuch, ein trigonmetrisches Netz über Insel zu legen, nur sehr ungenügend umgesetzt werden konnte, stellte die von ihm entworfene Karte doch den entscheidenden Fortschritt zur exakten kartographischen Erfassung der Küstenumrisse Islands dar. In verkleinerte Form wurde diese Karte im Verlagshaus des Johann Baptista Homann in Nürnberg herausgebracht (vgl. Abb. 12).

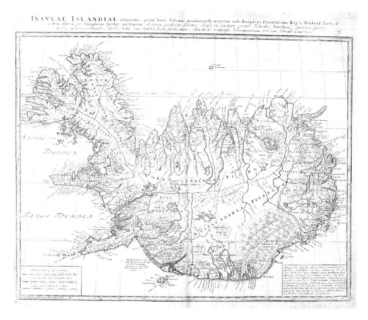

Abb. 12: Die bei Homann erschienene Ausgabe von Knoffs *Insulae Islandiae*, in: Homännische Erben, Novus Atlas, Nürnberg 1747, ÖAW-Sammlung Woldan.

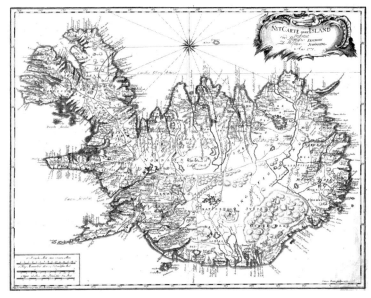

Abb. 13: J. Eriksson – G. Schöning, *Nyt Carte over Island*,
[Kopenhagen] 1772, ÖAW-Sammlung Woldan.

Die Karte von J. Eriksson und G. Schöning, *Nyt Carte over Island* aus dem Jahr 1771 (Abb. 13), verzeichnet erstmals mit der Position Reyklaviks und des Gletschers Vatnajökull (unter der Bezeichnung Klafajökull) auch Punkte im Landesinneren, die genau verortet werden konnten.

Die großflächige exakte Erfassung des Landesinneren blieb aber dem Isländer Björn Gunnlaugson vorbehalten, der durch seine Vermessungsarbeiten in den Jahren 1831-1843 diese Lücken weitgehend schließen konnte.[18]

---

[18] Dreyer-Eimbcke, Von der Geschichte der Kartographie Islands, 21-23.

Literaturverzeichnis

Baasch Th.., Forschungen zur Hamburgischen Handelsgeschichte. Die Islandfahrt der Deutschen, Hamburg 1889

Fraesdorff D., Der barbarische Norden, Berlin 2005

Hantzsch V., Blefken Dithmar, Allgemeine Deutsche Biographie 47 (1903), 17 – 19

Hennequin B., L'Islande, le Groenland, les Féroé aujourd'hui, Paris 1990

Herrmann P., Island in Vergangenheit und Gegenwart, Leipzig 1907

Hjálmarsson J. R., Die Geschichte Islands von der Besiedlung bis zur Gegenwart, Reykjavik 1994

Hjálmarsson J. R., Die Geschichte Islands, Reykjavik 2009

Island und das nördliche Eismeer. Katalog. Ausstellung der Österreichischen Nationalbibliothek und der Österreichisch-Isländischen Gesellschaft. Prunksaal der Österreichischen Nationalbibliothek 7.-26. Mai 1984, Wien 1984

Ísleifsdóttir-Bickel V. A., Die Einführung der Reformation in Island 1537-1565, Frankfurt am Main 1996

Jóhannesson J., A History of the Old Icelandic Commonwealth, Manitoba 1974

Jónsson B. – Þorsteinsson B., Íslandssaga til okkar daga, Reykjavík 1991

Karlsson G., Den islandske renæssance, in: Lassen A. (Hrsg.), Det norrøne og det nationale, Reykjavik 2008, 29 – 39

Kretschmer I. – Dörflinger J. – Wawrik F., Lexikon zur Geschichte der Kartographie. Von den Anfängen bis zum ersten Weltkrieg, 1-2, Wien 1986

Lindal S., Eine kleine Geschichte Islands, Berlin 2011

Müller W., Neue Nordwelt (enthält: Blefkens Bericht in historischer deutscher Übersetzung), Berlin 2005

Müller W., Neues von der Elfenfront. Die Wahrheit über Island, Frankfurt am Main 2007

Mund-Dopchie M., A beau mentir qui vient de loin. Défaillances de la mémoire et forgeries dans l´Islandia du voyageur Dithmar Blefken, Neulateinisches Jahrbuch 6 (2004), 159 – 172

Scheel R., Lateineuropa und der Norden. Die Geschichtsschreibung des 12. Jahrhunderts in Dänemark, Island und Norwegen, Berlin 2012

Schroeter K., Entstehung einer Gesellschaft. Fehde und Bündnis bei den Wikingern, Berlin 2002

Wawrik F., Berühmte Atlanten. Kartographische Kunst aus fünf Jahrhunderten, Dortmund 1982

Willhardt J. – Sadler C., Geschichte und Politik, in: Island, Erlangen, 2003, 53 – 84

Willhardt J. – Sadler C., Island, Fulda 2009

Ausgaben der Schriften des Arngrímur Jónsson

Opera Latine conscripta, ed. J. Benediktsson, Kopenhagen 1950 – 1957

Brevis commentarius de Islandia, ed. E. Sigmarsson, Reykjavik 2008

Index nominum et locorum

Adalbert v. Bremen 27
Akranes 45
Althing 37, 67
Ammasalik 77
Antimachiavelli 19
Barentsee 75
Bembo, Pietro 43, 77
Bessastaðir 83
Bonden 35
Bonn 21
Bordone, Benedetto 88
Cardim, Fernao 12
Cathay 79
China 79
Christian III. 33
Christoph v. Bayern 31
Claudius Clavus 86
Claudius Ptolemäus 87
Deventer 17
Didier Robert de Vaugondy 98
Drabbel 41
Dreikronenkrieg 83
Ebudae 27
Einhorn 65
Erik XIV. 83
Eriksson-Schöning 100
Fair Isle 25, 31
Faröer 31
Florin 67
Friedrich II. 83
Gebhard II. 19
Gibraltar 17
Goden 37
Gönland 71, 73, 75
Guðrún Ósvífrsdóttir 71
Gulden 67

Hafnarfjörður 25, 49
Hákarl 65
Hamburg 9, 25
Hebriden 27
Hekla 51, 55, 57, 67, 79, 81
Helgafell 37, 71
Herodot 23
Höfn 51
Hólar 33
Homer 73
Hvalsey 35
Jónsson, Arngímur 13, 57
Joris Carolus 96
Josua 19
Karasee 75
Knoff, Thomas Hans Heinrich 99
Krossanesfjall 51
Kulusuk 77
La Goletta 17
Laxdæla Saga 71
Lissabon 17, 85
Lochmader = Lögsögumaður
Lögberg 67
Lögsögumaður 37, 67, 69
Mahlstrom 29
Marco Polo 79
Marokko 17
Megiser, Hieronymus 13
Mela, Pomponius 13, 61
Melanchthon 33
Mercator, Gerhard 95
Müller, Wolfgang 12
Nicolò Zeno 71, 87
Nowaja Semlja 75
Olaus Magnus 14, 27, 29, 39, 41
Orkneys 29
Ortelius, Abraham 91, 92, 93
Otto IV. 19
Paul v. Eitzen 25

Peerse, Gories 13, 39
Pierre DuVal 97
Porcacchi 91
Prokop 17, 19
Purchas, Samuel 13
Pygmäen 73
Pytheas von Massilla 86
Religion 31
Reykjavik 25, 45, 49
Schaumburg, Graf v. 19
Schenk von Nideggen 21
Schweden 83
Shetlands 25
Skálholt 33, 65
Snæfellsjökull 51
Syphilis 49
Tadde 35
Tanger 17
Tejo 85
Thukydides 23
Thule 27, 86
Truchsess 19
Tunis 17
Turlockshaven 49
Urbanus Rhegius 33
Vandalen 19
Vulkane 51
Wal 63
Waldburg-Trauchburg 19
Waldemar, König v. Dänemark 31
Xenophon 23
Xerxes 47
Ziegler Jakob 89